Michael H. Buchholz

Tu was du willst

Die Universellen Einsichten
für ein erfülltes Leben

Omega

Michael H. Buchholz

Tu was du willst

Die Universellen Einsichten
für ein erfülltes Leben

Omega

Bibliographische Information der Deutschen Bibliothek

Die Deutsche Bibliothek verzeichnet diese Publikation in
der Deutschen Nationalbibliografie;
detaillierte bibliografische Daten sind im Internet über
http://dnb.ddb.de abrufbar.

2. Auflage September 2003

© Copyright 2002 by Omega®-Verlag

Lektorat: Gisela Bongart

Satz und Gestaltung: Martin Meier

Druck: FINIDR, s. r. o., Český Těšín, Tschechische Republik

Covergestaltung: Doro Koch und Stefan Lehmbrock, Düsseldorf

Alle Rechte der Verbreitung, auch durch Funk, Fernsehen, fotomechanische und
elektronische Wiedergabe, Internet, Tonträger jeder Art und auszugweisen
Nachdruck, sind vorbehalten.

Dieses Buch wurde nach den Regeln der alten Rechtschreibung verfaßt.

ISBN 3-930243-27-X

Omega®-Verlag, Gisela Bongart und Martin Meier (GbR)

D-52080 Aachen • Karlstr. 32
Tel: 0241-168 163 0 • Fax: 0241-168 163 3
e-mail: info@omega-verlag.de
www.omega-verlag.de

Inhaltsverzeichnis

Einleitung	10
Die Verbindung zu „Alles was du willst"	17
Worum geht es? Was erwartet dich, wenn du weiterliest?	23
Das Tu was du willst-Prinzip	28
Wie können dir die Einsichten dienen?	31

Teil I
Die 24 Universellen Einsichten   35

1. Einsicht:	Du bist absolut einmalig	36
2. Einsicht:	Wenn du dich von etwas getrennt fühlst, bist du gespalten	43
3. Einsicht:	Die Welt ist das, was du von ihr denkst	50
4. Einsicht:	Loslassen ist Veränderung	55
5. Einsicht:	Finde heraus, wozu du eigentlich da bist	61
6. Einsicht:	Erfolg ist das, was erfolgt, wenn du dir selbst folgst	68
7. Einsicht:	Die große Frage ist zu wissen, was du willst	75
8. Einsicht:	Du ziehst an, was du suchst	81

9. Einsicht:	Du nimmst an, was du annimmst	89
10. Einsicht:	Handle zum Wohle aller	96
11. Einsicht:	Gehe rückwärts aus dem Nebel	102
12. Einsicht:	In der Ruhe liegt die Kraft	108
13. Einsicht:	Was dich er-reicht, will dich reich machen	115
14. Einsicht:	Sage nein, indem du ja zu dir sagst	121
15. Einsicht:	Dein Gefühl ist dein untrüglicher Fühler	128
16. Einsicht:	Folge dem Regenbogen	135
17. Einsicht:	Geduld ist der Schlüssel zur Freude	142
18. Einsicht:	Du spielst die Hauptrolle in einem Stück namens „Ich"	150
19. Einsicht:	Gib dir keine Mühe	157
20. Einsicht:	Schau zurück in den Spiegel	163
21. Einsicht:	Du kannst nur ernten, was du gesät hast	169
22. Einsicht:	Dreh dich (nicht?) um, der Plumpssack geht um [Oder: Sicherheit ist eine Illusion]	176
23. Einsicht:	Wenn du merkst, daß du zur Mehrheit gehörst, wird es Zeit, deine Einstellung zu überprüfen	184
24. Einsicht:	Du bist hier, um dich zu finden	192

Teil II

In sieben Schritten zu deiner Lebensaufgabe   201

Teil III
Anhänge 217

Anhang I:	Der unbekannte Satz des Pythagoras	218
Anhang II:	Arbeitsblatt „Sinn"	221
Anhang III:	Werte klären	225
Anhang IV:	Deine Komfortzone	229

Über den Autor	235
MindFrame© Seminare und Kontaktadresse	236
Literaturverzeichnis	238
Buchempfehlungen	240
Index	242

You can get it if you really want.
But you must try, try and try, try and try,
and you succeed at last.
  Desmond Dekker

Don't worry, be happy.
  Bobby McFerrin

Stelle die Welt dir stets als ein einiges, lebendiges Wesen vor,
das mit einer Substanz und einer Seele begabt ist!
  Marc Aurel

Glücklich ist also dasjenige Leben,
das mit seiner Natur in vollem Einklang steht.
  Seneca

Nur wenn du selbst glücklich bist,
kannst du andere glücklich machen.
Es ist also nicht selbstsüchtig, sondern gutes Sozialverhalten,
wenn du danach strebst, zufrieden zu sein.

Jedes Vermögen kommt von Mögen.
  Michael H. Buchholz

Mein Dank gilt allen, die dieses Buch
ermöglicht haben:

den Beim-Schreiben-zu-kurz-gekommenen: meiner
Frau Sabine und meinem Sohn Christopher;

den Vertrauensvollen und Geduldigen: Gisela Bongart
und Martin Meier;

den Inspirirenden: allen Leser/-innen, die mir ihr Lob
sowie ihre Fragen und Anregungen gaben;

dem verrücktesten „Wesen", das ich kenne: dem Universum;

besonders aber: meinen Eltern Elisabeth und Helmut
Buchholz, die mir den wahren, unschätzbaren Wert
des Tu was du willst-Denkens vermittelten, ohne sich
dessen jemals bewußt zu sein

Einleitung

Liebe Leserin, lieber Leser,

drei Wünsche habe ich an Sie.

Der erste ist: Möge auch dieses zweite Buch Sie eine Zeitlang als treuer Freund begleiten.

Das mit dem Freund meine ich ganz wörtlich. Ich duze meine Freunde, und Sie werden Ihre Ihnen nahestehenden Freunde gewiß ebenfalls duzen. Ich möchte mit Ihnen so reden (dürfen), wie Sie und ich mit einer guten Freundin oder einem guten Freund auch reden würden. Dabei würde jede Distanz – wie sie ein „Sie" unweigerlich erzeugt – den Gedankenstrom beträchtlich stören. Ich spreche auf den folgenden Seiten zudem vornehmlich zu Ihrer Seele, die vieles kennt, nur kein „Sie".

Deshalb bitte ich Sie auch in diesem Buch wieder um Ihr Einverständnis, Sie im weiteren mit „du" anreden zu dürfen.

Kurze Denkpause ...

Da du weiterliest, gehe ich davon aus, hierzu dein Einverständnis erhalten zu haben. Vielen Dank.

Der zweite Wunsch ist: Bitte laß uns – dich als Leserin oder Leser und mich als Autor – auf die ununterbrochenen Hinweise auf unsere Zweigeschlechtlichkeit verzichten.

Die Lesbarkeit leidet furchtbar, wenn ich ständig „Anwender/innen" oder „Liebhaber/innen" schreiben müßte. Unsere deutsche Sprache ist nun einmal sehr männlich geprägt, aber ich versichere dir: Wenn ich von *dem* Menschen spreche, ist SELBSTVERSTÄNDLICH auch immer *die* Menschin mitgemeint. Im Interesse einer gesteigerten Lesbarkeit bitte ich alle

neuen Leserinnen, die entsprechende weibliche Form jeweils als mitgedacht anzunehmen. Die anderen wissen ja schon, wie's geht (aus meinem Buch „Alles was du willst", ebenfalls im Omega-Verlag erschienen).

Zum vorliegenden Buch selbst ...

Die Welt um dich herum ist voller guter Ratschläge (und einer erklecklichen Anzahl nicht so guter). Zeitschriften, Bücher, Kassetten, CDs, Videos (und neuerdings DVDs) enthalten ein wahres Füllhorn an Hinweisen, Tips, Methoden, Techniken, Programmen, wie wir in allen möglichen Lebensbereichen erfolgreicher oder noch besser werden können.

Für die Figur, für die Karriere, für das Sexualleben, für die Gesundheit, für den Umgang miteinander (und was nicht alles noch) gibt es regalmeterweise Anleitungen. Einige davon finden sich wahrscheinlich auch in deinem Bücherschrank. Und das ist gut so – die meisten dieser Publikationen sind klug durchdacht, in sich schlüssig, und die darin vorgeschlagenen Strategien *funktionieren*. Wenn – ich betone: wenn! – sie denn angewendet werden.

Was, wie du und ich wissen, leider nicht immer der Fall ist. Dafür gibt es Gründe. Sei es, daß diese Anleitungen

a) zu kompliziert sind
b) ein (oft zu) hohes Maß an Disziplin abverlangen
c) viel Zeit kosten
oder aus sonst einem Grund
d) schwerfallen.

Nach einiger (meist kurzer) Zeit ist die Euphorie vorbei, und die Suche nach einer besseren Methode oder Technik geht weiter.

Ich gehe hier einen anderen Weg.

Alles, was ich dir anbiete, ist ein einfaches, sich fast von selbst erklärendes Prinzip.

Schon in meinem ersten Buch „Alles was du willst" ging es mir um das Tieferliegende, das Wesentliche hinter dem, was wir an der Oberfläche als „erfolgreich" ansehen. Die dort beschriebenen „Universellen Erwerbsregeln für ein erfülltes Leben©" haben Naturgesetzcharakter. Sie gelten einfach für jeden Menschen und wirken immer. Sie kümmern sich nicht darum, ob du sie anerkennst oder nicht. Wann immer du in deinem Leben erfolgreich warst – immer hast du dafür mindestens eine der insgesamt 36 Regeln befolgt. Oder wenn du Mißerfolge geerntet hast – dann hast du in solchen Fällen wissentlich oder unwissentlich gegen die Regeln verstoßen.

An manchen Stellen komme ich in „Alles was du willst" auch auf das Thema **Lebensaufgabe** zu sprechen. „Tu was du willst" ist der nächste Schritt auf deinem Weg dorthin.

Ich bin fester denn je davon überzeugt: Ein jeder Mensch hat in seinem Leben die Möglichkeit, etwas Großes, ganz und gar Besonderes zu tun und zu leisten, etwas, das nur dieser betreffende Mensch in dieser Art und Weise bewerkstelligen kann. Ich glaube weiterhin: Wir sind nur dann in der Lage, wirklich glücklich und zufrieden zu sein, wenn es uns gelingt, diese Lebensaufgabe 1. zu finden und 2. mit Leben zu erfüllen, sprich: sie zu leben.

Auf meinem Schreibtisch häuften sich in den vergangenen Monaten die Briefe etlicher Leserinnen und Leser mit Fragen wie: Ja wie finde ich denn nun *in der Praxis* meine Lebensaufgabe? Oder, in Abwandlungen:

- Wie werde ich denn nun *in der Praxis* glücklich (reich, gesund, attraktiv, erfolgreich)?

- Wie erreiche ich *in der Praxis*, was ich will (mein Idealgewicht, meinen Idealkontostand, meine(n) Idealpartner(in), meinen Traumjob)?

> TU WAS DU WILLST
> ist die einzige Antwort, die ich darauf zu geben vermag.

„Moment mal!" werden jetzt einige Alt-Leser sagen, „das ist doch die 24. Regel aus ‚Alles was du willst'?" Stimmt genau.
Diese vier Worte habe ich schon dort als die Kurzfassung aller 36 Universellen Erwerbsregeln bezeichnet. Mehr noch: Sie sind das seit Jahrtausenden jedem offenstehende Geheimnis eines erfüllten Lebens!
Doch Hand auf's Herz: *Leben* wir dieses Geheimnis auch?
Nein. Obwohl wir es genau dort – tief in unseren Herzen – besser wissen.
Statt dessen plagen wir uns in Jobs ab, die wir nicht mögen, leben mit Menschen zusammen, die wir nicht ausstehen können, folgen Wegen, auf die uns unsere Eltern oder andere gesetzt haben (und die deswegen meist nicht die unseren sind), und beklagen uns anschließend, daß wir nicht glücklich sind.
Und wir wissen selbstverständlich auch, wer an dieser Misere schuld hat. Es ist diese böse Welt da draußen – die anderen, die Umstände, such' dir was aus. Nur ganz, ganz selten nennen wir dabei auch unseren eigenen Namen, stimmt's?
Dieses Buch bietet dir 24 Argumente an, warum du diese vier Worte – TU WAS DU WILLST – ab heute zu deinem Leitmotiv für dein künftiges Leben machen solltest. Argumente, die dir

aufzeigen, weshalb du es dir eigentlich gar nicht leisten kannst, mit und in deinem Leben etwas anderes zu tun als das, was du willst.

In deinem Herzen weißt du längst: die Botschaft an sich ist richtig, sonst hättest du nicht bis hierher gelesen. Die 24 Argumente, die ich im folgenden *Einsichten* nenne, mögen dir zeigen, wie leicht es ist, dein Leben in die dir genehmen Bahnen zu lenken. TU WAS DU WILLST erfüllt, als Prinzip betrachtet, auch BÄRBEL MOHRS[1] Forderung, wonach eine gute Idee stets

1. einfach sein und
2. Spaß machen muß, und es sollte bei ihr immer
3. mehr dabei herauskommen, als man hineingesteckt hat.

Nun, TU WAS DU WILLST ist genau dies:
- **total einfach** (es sind nur vier Worte, du lernst sie recht schnell auswendig)
- **macht täglich** (immer mehr) **Spaß**; logisch, wenn du ab heute immer mehr von dem tust, was du selbst willst. Würde es keinen Spaß machen, würdest du das, was du willst, ja nicht wollen, oder?

Und

- es kommt für dich auf jeden **Fall mehr dabei raus, als du hineingesteckt hast**. Oder ist dir ein selbstbestimmtes, frei-

---

1 siehe Literaturverzeichnis

es, erfülltes Leben – bei dem du jeden Tag aufstehst und ausrufst: „Herrlich! Ist das schön!" – nicht genug?

Und ich füge hinzu: TU WAS DU WILLST hat Naturgesetzcharakter (es ist schließlich eine der „Universellen Erwerbsregeln für ein erfülltes Leben©"). Du kannst dich auf die Wirkung ebenso sehr verlassen wie auf die Wirkung der Schwerkraft.

„Ja, aber", höre ich dich jetzt sagen, „alles schön und gut. Doch erzähl' mir nichts. Ich kann dennoch nicht einfach das tun, was ich will. Schön wär's ja. Ich würde ja gerne. Aber da sind nun mal äußere Zwänge, die mich hindern. Nimm nur mal meinen Lebenspartner ... (oder meinen Chef, meine Kinder, meine Vermögensverhältnisse, meine Verpflichtungen, meine Rahmenbedingungen, meine Freundin oder meinen Freund, meine Eltern, meine Nachbarn, meine Haustiere, meine Religion, meine Herkunft, mein Alter, meine Gesundheit, mein Aussehen, mein Auftreten, mein Dies und mein Das), und dir wird klar, daß ich eben nicht einfach tun *kann*, was ich will!"

Da ich als guter Freund zu dir rede, gestatte mir zwei Bemerkungen.

Erstens: Mach' dir selbst ein Geschenk und gönne dir mein Buch „Alles was du willst", falls du es noch nicht besitzt, und lies die 1. Regel: *Du kannst im Leben alles haben, was du willst.* Dort erfährst du, was es mit dem Können auf sich hat.

Zweitens: Erlaube mir eine vertiefende Frage. Über wessen Leben sprechen wir? Über deins? Gut. Wie viele hast du davon? Auch nur eins, wie ich. Gut.

Wann, meinst du, holst du es dir zurück?

24 Argumente, die dich möglicherweise dazu bringen, endlich aufzustehen und laut „JETZT!" zu rufen, findest du in diesem Buch.

Und das ist mein dritter Wunsch: Mögen all deine Schritte in die Richtung führen, die vom ersten Tage an in dir als richtig festgelegt ist. Wie das geht, steht in den **Einsichten** beschrieben.

Michael H. Buchholz
Hannover, im April 2002

PS Falls dich meine Gedanken, die zum Schreiben dieses Buches geführt haben, nicht so oder augenblicklich nicht interessieren, kannst du gern sofort **auf Seite 35 vorspringen**. Dort geht es mit den **EINSICHTEN** los.

PPS Überhaupt ist das Buch **MODULAR** aufgebaut. Fang' also einfach da an zu lesen, wo dein Blick hinfällt oder du intuitiv meinst, daß es für dich richtig ist. Du kannst das Buch kreuz und quer lesen, stückchenweise oder von vorn nach hinten, ganz wie es dir gefällt. Tu was du willst.

PPPS Um dir die einzelnen **VERNETZUNGEN** aufzuzeigen – wenn du modular liest –, habe ich mich recht großzügig des Hilfsmittels der Fußnoten bedient. Du kannst den Text immer auch ohne die Anmerkungen lesen und verstehen. Falls du aber über die wesentlichen Querbezüge nachdenken möchtest, wirst du die Fußnoten – so hoffe ich – hilfreich finden.

Die Verbindung zu „Alles was du willst"

Dies ist, wie gesagt, mein zweites Buch zum Thema „Universelle Erwerbsregeln für ein erfülltes Leben©".

Im ersten Buch habe ich in knapper Form die 36 grundlegenden Prinzipien und einige Sonderfälle beschrieben, von denen ich glaube, daß nach ihnen unser Leben hier auf Erden, sprich in diesem Universum, „tickt" – ob wir das nun wahrhaben wollen oder nicht.

Ich habe diese Lebensprinzipien die „Universellen Erwerbsregeln" genannt (mit Betonung auf Erwerb), weil du mit dem Wissen um ihre Existenz und den sich daraus ableitenden Änderungen in deinem Lebensverhalten buchstäblich alles *erwerben* kannst, was du willst: Wohlstand, Gesundheit, Glück und Erfolg.

Der Umkehrschluß gilt ebenso: Ich bin fest davon überzeugt, daß du in deinem Leben auch jederzeit alles verlieren kannst, wenn du dich entgegen dieser grundlegenden Lebensprinzipien verhältst.

Universell heißt, sie sind für jede und jeden immerzu gültig: in jeder Situation, an jedem Ort und in jeder Gesellschaft. Sie sind die Grundprinzipien, nach denen „das Leben, das Universum und der ganze Rest"[2] funktionieren.

Die Universellen Erwerbsregeln gelten. Punkt.

---

2   Titel eines (urkomischen) Romans von Douglas Adams

Ob wir darüber nun froh und glücklich sind oder zu Tode betrübt – sie brauchen unsere Zustimmung nicht. Sie sind einfach. Da sie aber auch ohne unsere ausdrückliche Billigung zu allen Zeiten stets gültig waren, sind und weiterhin gültig sein werden, ist es schon sinnvoll und überaus hilfreich, sich mit ihnen zu beschäftigen. Das heißt erstens, sie kennenzulernen, und zweitens, sie anzunehmen (sie zu akzeptieren) und anzuwenden.

Manchmal haben wir Zugriff auf die Universellen Erwerbsregeln, auch ohne sie zu kennen. Denn alles, was du jemals in deinem Leben wolltest und erreicht hast, erreichtest du immer nur dann und deshalb, *weil* du dich den Regeln entsprechend verhalten hast.

Wir nennen das dann Glück, wenn wir am Ziel angekommen sind, und Pech, wenn es uns mißlingt. In Wahrheit hatten wir „Glück", *weil* wir uns den Regeln entsprechend verhalten haben, und „Pech", weil wir uns, ob nun unwissentlich, aus Widerspruchsgeist heraus oder aus schlichter Dummheit gegen die Regeln gestellt haben.

Erwerben heißt für mich in dem Zusammenhang, du mußt immer etwas aktiv dafür tun, wenn du etwas haben oder erreichen willst, sprich: *du* mußt es *dir* erwerben. Aber etwas dafür tun heißt, sich den Regeln gemäß zu verhalten und nicht nur und ausschließlich das dafür zu tun, was uns unsere Erziehung durch Eltern, Schule, Ausbildung und Universität gelehrt hat, eher sozusagen im Gegenteil.

So ist bezeichnenderweise *sich anzustrengen* bei dem, was du jeweils tust, so ziemlich das Dümmste, was du zu deinem Erfolg beitragen kannst. Gleichwohl trägst du mit hoher Wahrscheinlichkeit auch (wie fast alle Menschen, mit denen ich darüber gesprochen habe) eine Art Grundüberzeugung mit dir herum, wonach alles, was uns einfach so in den Schoß fällt – und daher keiner Anstrengung bedurfte –, demzufolge auch nichts wert ist. Als würde es allein dadurch wertvoller, daß du dich dafür immer wieder krummlegen mußt.

Wie tief verwurzelt solche teilweise über Generationen weitergereichten Überzeugungen sitzen, daß nämlich Arbeit und Anstrengung untrennbar miteinander verbunden sind, kannst du in fast jeder Familie beobachten.

Ein Beispiel: Da sitzt ein Viertklässlerkind bei seinen Hausaufgaben, die Mutter werkelt in der Küche vor sich hin, mit einem Ohr aber immer in Lauerstellung Richtung Wohnzimmer, wo der hoffnungsvolle Nachwuchs über den vier Grundrechenarten brütet. Plötzlich lacht dieses Kind aus vollem Herzen. Die Mutter runzelt die Stirn. Doch das Lachen verstummt, und so kehrt ein zufriedenes Lächeln in das Gesicht der Mutter zurück, die Stirnfalte glättet sich wie die Wäsche unter ihren geschickten Händen. Da aber lacht das Kind wieder, noch herzhafter als zuvor. Es ist fast vorhersagbar, wie die Mutter nun reagieren wird. Sie wird den Kopf ins Wohnzimmer stecken und mit einem Anflug von Ärger in der Stimme sagen: „Ich denke, du machst Hausaufgaben?!"

Auf die Idee, daß sich dieses Kind bei den Schularbeiten über seine gerade gefundene Lösung so sehr *gefreut* hat, daß es herzhaft auflachen mußte, kommt unsere Mutter erst gar nicht.

Denn es gehört nicht zu ihrer Grundüberzeugung. Diese lautet vielmehr: Anstrengung und Arbeit gehören zusammen, Spaß oder gar Lachen haben dabei nichts zu suchen!

Zumindest gilt dies für den deutschen Durchschnittsalltag. Wer Spaß bei der Arbeit hat, steht im Verdacht, sich nicht genug ins

Zeug zu legen. Wer Freude hat bei dem, was er tut, der arbeitet nicht. Und solche Botschaften werden nur gar zu gern weitergegeben. Das klingt dann so:

„Nur wer etwas durch eigene harte Anstrengung schafft, hat es sich auch wirklich verdient."
(Zitat meines Großvaters)

„Vor den Erfolg hat der Herr Schweiß und Tränen gesetzt."
(Volksmund)

„Erfolg besteht in der Regel zu einem Prozent aus Inspiration und zu 99 Prozent aus Transpiration."
(Quelle unbekannt)

„Des Lebens Mühe lehrt uns allein
des Lebens Güter schätzen."
(befand jedenfalls unser alter Goethe)

„Von der Stirne heiß, rinnen muß der Schweiß."
(Schiller, in dasselbe Horn stoßend).

„Im Schweiße deines Angesichts sollst du dein Brot essen."
(1. Mos. 3,19)

Die Liste ließe sich fortsetzen. Kommen dir solche Gedanken auch bekannt vor? Dann wirf sie über den Haufen. Das Gegenteil ist wahr.
Oder, wie ein Sprichwort so treffend sagt: „Der eine hat die Mühe, der andere schöpft die Brühe."

Da ich davon ausgehe, daß du lieber zu den Brüheschöpfern als zu den Mühegeplagten gehören möchtest, habe ich aus der 24. Universellen Erwerbsregel das TU WAS DU WILLST-Prinzip abgeleitet, das dem vorliegenden Buch den Titel gab.

Das TU WAS DU WILLST-Prinzip beschäftigt sich mit deinem Leben und der dir darin gegebenen Möglichkeit, ein erfülltes Leben zu führen. Es setzt voraus, daß du genau das willst, was es beschreibt: nämlich zukünftig genau und möglichst nichts anderes mehr zu tun als das, was dir viel, sehr viel oder gar alles bedeutet.

Es ist eine Idee, eine Philosophie, wie du dein Leben führen könntest – an dem Ort, wo du es führen möchtest, zusammen mit den Menschen, zu denen es dich hinzieht, mit der beruflichen Tätigkeit, die dich ausfüllt und die dich und andere immer wieder neu begeistert, und umgeben von den Dingen, die du besitzen möchtest.

Das TU WAS DU WILLST-Prinzip richtet sich an dich, wenn du zu einem oder mehreren der folgenden Punkte *ja* sagst:

- Du kennst deinen Traumberuf (d. h. du weißt, was dein wahrer Traumberuf ist), aber du arbeitest derzeit in einem anderen Job.
- Du arbeitest, um deinen Lebensunterhalt zu verdienen, bist aber mit deinem derzeitigen Job unzufrieden.
- Du bist arbeitslos, möchtest aber gern arbeiten, möglichst in deinem Traumberuf.
- Du hast beruflich bereits Karriere gemacht, verdienst gut und bist trotzdem irgendwie unzufrieden mit dem Erreichten.

- Du würdest gern woanders leben als jetzt.
- Du empfindest deine Beziehung oder Lebensgemeinschaft als Gefängnis.
- Du hast den tiefen Wunsch, etwas Wertvolles und Wichtiges zum Leben (zur Menschheit) beizutragen, hast aber keine Vorstellung davon, was das denn sein könnte.
- Du sagst (oder denkst) öfter Sätze, in denen du argumentierst: „Wenn ich nur könnte, wie ich wollte (wenn die und die Rahmbedingung nicht oder anders wäre), ja *dann* würde ich ...!"
- Du hast das unangenehme Gefühl, auf dem falschen Gleis geparkt zu sein, während das wahre Leben irgendwo anders „spielt".
- Du bist in deiner augenblicklichen Lebenssituation unglücklich.
- Deine Arbeit macht dich krank.
- Deine private Lebenssituation macht dich krank.
- Du denkst oft: „Das kann doch nicht alles gewesen sein?!"

Hast du ein deutliches Ja zu nur einem oder mehreren Punkten geben können? Dann habe ich dieses Buch für dich geschrieben.

Worum geht es? Was erwartet dich, wenn du weiterliest?

1. **Das TU WAS DU WILLST-Prinzip führt dich aus deiner augenblicklichen Situation heraus (sofern du das möchtest), wenn du es konsequent anwendest.**

Damit meine ich die Bedeutung des Wortes *konsequent* wortwörtlich. Es leitet sich von dem lateinischen Ausdruck *con sequentia* ab, was so viel wie „mit gleicher Schlag- oder Taktzahl" bedeutet. Das TU WAS DU WILLST-Prinzip funktioniert nur dann, wenn du es regelmäßig anwendest, nicht heute mal und dann wieder nächste Woche, sondern heute, morgen, übermorgen ... für den Rest deines Lebens.

2. **Das TU WAS DU WILLST-Prinzip funktioniert sinnvoll nur <u>zum Wohle aller</u>. Setzt du es bewußt schädigend ein, bestraft dich das Gesetz der Resonanz – deine Untaten kommen in der einen oder anderen Form auf dich zurück.**

Falls du zu den Menschen gehörst, die sofort den Untergang des Abendlandes befürchten, weil sie in der Formel TU WAS DU WILLST den Aufruf zu grenzenlosem Egoismus zu erkennen glauben, so möchte ich dich beruhigen – nichts liegt mir ferner als das.
Mein alleiniges Anliegen ist es, dazu beizutragen, daß du fortan ein anderes Leben als bisher führen kannst, ein Leben, das dich glücklicher und zufriedener macht, als du es derzeit bist.

Denn *wenn* du glücklicher und zufriedener bist, dann verfügst du über mehr Energie, mehr Tatkraft, mehr Geld, verfügst über bessere Gesundheit, hast ehrlichere und zahlreichere Freunde, kurz: dein Leben erfüllt dich jeden Tag mehr und mehr. Da aber nur der etwas an andere abgeben (sprich: teilen) kann, der zuvor etwas *hat*, was er abgeben kann, gibt es keinen schnelleren und sicheren Weg, um viele glücklicher und zufriedener zu machen, als den, *zuvor* dich glücklich und zufrieden werden zu lassen. Verblüffend logisch, nicht wahr?

Dabei sind deine natürlichen Grenzen die Rechte der anderen, so zu sein und zu leben, wie sie es wollen. Mit anderen Worten: Deine Freiheit endet dort, wo die Freiheit der anderen beginnt. Handle einfach zum Wohle aller (und das heißt: einschließlich dir selbst!), und alle haben ein Interesse daran, daß du tust, was du willst.

3. Das TU WAS DU WILLST-Prinzip geht weiterhin davon aus, daß alles, was du dir wünschst, dir deshalb zusteht, weil du es dir wünschst.

Wenn du mein Buch „Alles was du willst" gelesen hast, dann kennst du auch meine Grundüberzeugung: Das Universum verschwendet nicht. Alles, was existiert, existiert mit einem offen zutagetretenden oder verborgenen Sinn, aber NICHTS existiert OHNE einen irgendwie gearteten Sinn. Wenn du also einen bestimmten Wunsch verspürst, dann hat es einen Sinn, daß du – und nicht deine Nebenfrau oder dein Nebenmann – diesen Wunsch verspürst. Jeder Wunsch ist ein Gedanke, und Gedanken sind meßbare Energieströme. Energien aber sind zweifelsohne existent, und da in der Natur nach meiner Ansicht nichts ohne Sinn existieren kann (da das Verschwendung wäre), hat also dein spezieller Wunsch einen ganz bestimmten tieferen Sinn.

Mit anderen Worten: Du hättest diesen Wunsch nicht, wenn es nicht „Sinn machen" würde, daß ausgerechnet du dir diesen Beruf, diese Art Partner, diesen Ort zum Leben, diese Gruppe von Menschen um dich wünschst. Das bedeutet: Wenn es sinnvoll ist, daß ein bestimmter Wunsch bei dir existiert, dann muß seine Realisierung genauso sinnvoll sein. Denn die Realisierung eines Wunsches ist immer (nur) eine energetische Umwandlung deines Wunschgedankens – entweder in eine andere Art von Energie oder in die ganz spezielle Sonderform der Energie, die wir Materie nennen. ALBERT EINSTEIN hat Materie einmal „geronnene Energie" genannt. Er wollte damit ausdrücken, daß alles, was wir wahrnehmen können, letzten Endes nichts anderes ist als Energie in der einen oder anderen Zustandsform.

Wenn also dein Wunschgedanke sinnvoll ist, kann seine materiell gewordene Gestalt ihrerseits nicht sinnlos sein. Mit anderen Worten: Jeder Wunsch, den du verspürst, steht dir auch in seiner erfüllten Form zu!

Fallen dir jetzt Aussagen ein wie „die Kirche im Dorf lassen" oder „Schuster, bleib' bei deinen Leisten"? oder „Hochmut kommt vor dem Fall"?

Das sind Sätze, die geprägt wurden von Leuten, die irgendwann Angst vor ihrer eigenen Courage bekamen, die aufgegeben haben mit der oben erwähnten Konsequenz. Und es sind Sätze, die weitergegeben werden von Leuten, die andere kleinhalten wollen, weil sie es nicht ertragen können, wenn andere an ihnen vorbeiziehen und ihr Leben erfolgreich in die eigene Hand nehmen.

4. Das TU WAS DU WILLST-Prinzip enthält darüber hinaus eine klare Aufforderung: Mach' dich auf die Suche nach deiner Lebensaufgabe!

Denn es vertritt die Ansicht, daß du absolut einzigartig bist[3] und damit wie kein zweiter geeignet, eine ganz bestimmte Aufgabe besser und leichter und schöner zu erfüllen als jeder andere Mensch auf diesem Planeten. Das TU WAS DU WILLST-Prinzip geht von der absoluten Sinnhaftigkeit aus, wie du inzwischen weißt, und damit schließt es deine Person natürlich mit ein. Auch du existierst nur, weil mit deiner Existenz ein ganz bestimmter, höherer Sinn verbunden ist. Andernfalls wäre deine Existenz nicht weiter wichtig, dein Erdendasein wäre reinste Verschwendung – aber eben das gibt es in diesem Universum nicht, davon bin ich überzeugt. Also hast du etwas Bedeutungsvolles beizutragen, etwas, das nur dir und in der dir einmaligen Art und Weise möglich ist.

Und dein Leben an sich wäre verschwendet, wenn du dich nicht auf die Suche nach dieser deiner Lebensaufgabe machen würdest. Viele (finanziell) erfolgreiche Menschen klagen über eine innere Unzufriedenheit, die sie förmlich aufzuzehren beginnt, weil sie feststellen, daß sie dort, wo sie nun sind, gar nicht hin wollten. Der Sinn deines Lebens, der Sinn, den du deinem Leben nur selbst geben kannst, erwächst immer aus der Beschäftigung mit deiner Lebensaufgabe. Je näher du dran bist, je mehr du dein Leben erfüllst, desto glücklicher und zufriedener bist du. Je weiter du dich dagegen von der dir mitgegebenen Lebens-

---

3 siehe 1. Einsicht. *Du bist absolut einmalig*

aufgabe entfernst, desto unglücklicher und unausgeglichener wirst du sein.

Ich bin überzeugt, es gibt nur einen Weg, ein erfülltes Leben zu führen. Und das ist der Weg hin zu deiner Lebensaufgabe und das Aufgehen in der damit verbundenen Tätigkeit.

5. **Zum Verständnis des TU WAS DU WILLST-Prinzips ist es zwar hilfreich, aber nicht notwendig, wenn du mein erstes Buch „Alles was du willst – Die Universellen Erwerbsregeln für ein erfülltes Leben©" zuvor gelesen hast.**

Für diejenigen Leser und Leserinnen, die es schon kennen (oder später zu lesen beabsichtigen), werde ich auf die Beziehung zu den dort vorgestellten Regeln an wichtigen Stellen hinweisen, um die Orientierung zu erleichtern.

Du kannst das vorliegende Buch dennoch genauso gut lesen und verstehen und das Prinzip anwenden, wie wenn du das erste Buch gelesen hättest.

Und nun: „Vorhang auf!" für das Prinzip selbst.

Das Tu was du willst-Prinzip

Vorgehensweise des TU WAS DU WILLST-Prinzips:

1. Frage dich in JEDER Entscheidungssituation:
   - Tue ich gerade (oder mit der Entscheidung), was ich will?
   - Und will ich das, was ich gerade (oder dann) tue?
2. Frage dich zur Sicherheit sofort <u>nach</u> deiner Entscheidung:
   - Sage ich gerade ja und meine auch aus vollem Herzen ja?
   - Sage ich gerade ja und meine in Wahrheit nein?

   (Wenn du *ja* zu etwas sagst und eigentlich *nein* meinst, erzeugst du dir und allen Beteiligten in Zukunft gewaltigen Streß!) Ein Indiz dafür ist dein ungutes Gefühl.

Lautet deine Antwort zu 1. in beiden Fällen *ja*, und meinst du auch bei 2. *ja* – gut. Weiter so. Bleibe auf diesem Weg.

Lautet dagegen eine oder beide deiner Antworten zu 1. *nein*, oder meinst du in Wahrheit *nein*, dann hast du die für dich falsche Abzweigung genommen (das ungute Gefühl hast du nicht zufällig)!

Ich sage jetzt nicht, daß in der Folge Mißerfolg, Unzufriedenheit, Unlust, Unwohlsein (bis hin zur Krankheit) zwangsläufig bei dir einsetzen müssen, aber die Wahrscheinlichkeit dafür ist **extrem** hoch! Sie steigt um so mehr, je länger du bei einer derartigen (für dich falschen) Entscheidung bleibst. Prüfe genau, ob du es wirklich tun mußt (weil z. B. dein Überleben davon abhängt). Denn damit handelst du gegen deine Interessen, gegen deine Finanzen, gegen deine Erfolgsaussichten, gegen deinen Seelenfrieden und gegen deine Gesundheit.

3. Frage dich darum abschließend:
   - Hast du einen wirklich guten Grund für dein gegen dich und deine Lebensaufgabe gerichtetes Tun?

Wenn nein – laß es sein!

Das ist alles. Vielleicht fragst du dich jetzt, warum ich ein ganzes Buch darüber geschrieben habe.

Die ehrliche Antwort lautet: Es ist schon ein wenig leichter gesagt als getan.

Der Grund dafür liegt in der Existenz eines Vorgangs, den wir *Manipulation* getauft haben. Mache dir nichts vor: Du wirst rund um die Uhr von anderen manipuliert, und auch du manipulierst andere mehr, als du vielleicht weißt. Ich denke, das ist ein typisch menschliches Verhalten. Manipulieren kommt von lateinisch *manus*, Hand, und der Wortstamm **man** kommt in vielen Worten vor. So z. B. als unpersönlicher Je(man)nd, hinter dem wir uns gern verstecken, wenn wir sagen „*man* müßte mal dies oder jenes tun", anstatt „ich" zu sagen. Achte mal darauf, wie häufig du selbst „man" sagst, anstatt von dir selbst zu reden. Du kannst daran ermessen, wie weit du die Verantwortung für dich selbst übernimmst.[4] Es begegnet uns auch im englischen *man* und *woman*, im englischen und lateinischen *human* und in *Manager* (eigentlich ein Mann, der alt *(age)* genug ist zu handeln). Gar nicht zufällig treffen wir es auch in dem englischen Begriff *mankind*, Menschheit, wieder. Typisch menschlich eben.

Seit langem gibt es ganze Berufsgruppen, deren Geschäft die Manipulation ist: Wahlkämpfer, Rechtsanwälte, Werbefachleute,

---

4   Ich werde nie ein Fernsehinterview vergessen, in dem eine junge Frau ihren *eigenen* Urlaubstag wie folgt beschrieb: „ ... morgens ist *man* aufgestanden und als erstes zum Pool gegangen, wo *man* sein Handtuch auf einem der Liegestühle ausgebreitet hat. Dann ist *man* frühstücken gegangen, damit *man* rechtzeitig fertig war, um den zu der Zeit noch nicht überfüllten Pool zu nutzen. Vormittags ging *man* dann in die Stadt ..." Wie gesagt, die junge Frau erzählte Dinge, die sie selbst erlebt hatte. Nicht ein einziges Mal kam das Wort „ich" darin vor ... Welchen Wert *billigt* sie sich selbst zu, wenn sie dermaßen unpersönlich von sich selbst spricht? Wie erzählst du von dir?

Medienmacher, um nur ein paar Beispiele zu nennen. Und die Zahl der privaten Manipulatoren ist noch größer: Ehefrauen, Ehemänner, Kinder, Großeltern, Nachbarn ... such' dir was aus. Die Gefahr, in bestimmten Situationen Entscheidungen zu treffen, die wir eigentlich gar nicht wollen, ist daher unglaublich hoch.

Je mehr du in deinem Leben dazu übergehst, Dinge zu tun, die du gar nicht willst, aber glaubst, tun zu müssen, desto mehr wirst du vom Lebenden zum Gelebtwerdenden.

Als Gelebtwerdender aber wirst du deine Lebensaufgabe nur schwer – ich behaupte: gar nicht! – mit Leben erfüllen können.

Das TU WAS DU WILLST-Prinzip hilft dir, den Boden unter deine Füße zurückzubekommen, falls du den Tritt irgendwo auf deinem Weg verloren hast.

Damit sind wir bei den Einsichten angelangt. Sie sind dazu gedacht, dir die Möglichkeiten und Chancen, die in unseren vier Worten verborgen liegen, zu eröffnen.

Wie können dir die Einsichten dienen?

Jede Ein•Sicht stellt eine Erkenntnis dar, die dir *ein*geht und die jetzt (und später) an dir *sicht*bar ist.
„Wie kann eine Einsicht sichtbar sein?" fragst du dich vielleicht. Nun, die Welt, die dich umgibt (d. h. deine finanzielle Situation, deine Partnerschaft, deine Mitarbeiter, deine Chefs, deine Kinder, deine Nachbarn, eben alles, was dich umgibt), ist immer zugleich ein Spiegel deines Inneren. Du ziehst Gelegenheiten, Personen, Orte und Situationen an, mit denen du dieselbe Frequenz teilst – das Gesetz der Resonanz. Insofern wird jede Einsicht, für die du dich öffnest, an dir sichtbar. Doch selbst schon ein einzelner anderer Gedanke genügt. Er verändert deine Körpersprache und deine gesamte Physiologie dramatisch. Selbst wenn du es nicht bemerkst – andere bemerken es sehr wohl. Ein Beispiel: Vielleicht hast du auch schon einmal *gesehen*, daß jemand dich belog. Dann weißt du, was ich meine.

Zugleich ist eine Einsicht aber auch die wörtliche Zusammenziehung von *„ein*er *Sicht"*. Der Ausdruck bezeichnet *eine* Sichtweise, die von *einem* Menschen so gesehen wird und nicht unbedingt die Sichtweise aller Menschen darstellen muß.

Insofern gleicht dieses Buch dem von VERA F. BIRKENBIHL in ihren Seminaren und Vorträgen so oft erwähnten Supermarkt, in dem es zwar vieles zu kaufen gibt, in dem aber niemand deswegen alles kaufen *muß*.

Das erlaubt es ihr – und heute mir –, auch einmal ungewöhnliche Gedanken oder sogar esoterisches Wissen[5] zum jeweiligen Thema zu äußern: Jeder kann es zwar, aber niemand muß ja die betreffende Ein•Sicht „kaufen". Wenn du also etwas angeboten bekommst, das dir weniger gefällt, dann laß es einfach „im Regal" liegen. Ein Mitmensch wird es vielleicht um so nötiger brauchen und sich darüber freuen.

In diesem Buch breite ich dir meine Einsichten zu dem von mir so genannten TU WAS DU WILLST-Prinzip aus, und ich betone ausdrücklich, hier über meine Sichtweise der damit verbundenen Gedanken[6] zu schreiben.

Gleichwohl sind diese meine Einsichten, sprich meine Erkenntnisse, für mich – in meinem Leben, und damit in mir – sichtbar geworden. Für mich sind die 24 Einsichten, von denen das Buch handelt, wahrlich und wirklich Universelle Einsichten: Sie sind wahr (weil ich sie wahrnehmen kann) und bewirken die Dinge um mich herum, soweit ich dies zu erkennen vermag.

Einsichtig und einseitig im Denken zu sein sind dennoch zwei völlig verschiedene Dinge, und ich bitte dich, beides klar voneinander zu trennen.

Wenn du etwas einsiehst, so kehrst du wieder zu einer Sichtweise zurück. Wo vorher zwei Fälle (gleich Zwei•fel) herrschten, ist jetzt das Denken wieder vereint. Die Zweifel sind überwunden, es herrscht Eintracht. Und Eintracht ist für mich die Voraussetzung für Harmonie.

---

5 exoterisch = die Überzeugung, daß sich die Welt objektiv beobachten läßt (z. B. bei einem wissenschaftlichen Versuch, ohne daß der Beobachter durch den Vorgang des Beobachtens Einfluß auf das Geschehen nimmt.
  esoterisch = die gegenteilige Überzeugung, nämlich daß jede Beobachtung das Geschehen direkt beeinflußt, weil beide in Wechselwirkung zueinander stehen.

6 siehe auch die 3. Einsicht: *Die Welt ist das, was ich von ihr denke*

Wenn dein Denken auf einmal einträchtig wird, so ist es kein Wunder, wenn nun auch deine Beziehungen zu anderen Menschen, vor allem aber die Beziehung zu dir selbst, einträchtig werden. Wir sprechen fortan nicht länger „mit gespaltener Zunge", sondern werden authentisch, einzigartig, unverwechselbar, vor allem aber glaubwürdig.

Es ist übrigens kein Zufall, daß die beiden Wörter *einträchtig* und *einträglich* einander so ähnlich sehen: Sie sind gewissermaßen Geschwister, die sich oft besuchen. Wundere dich also nicht, wenn dein einträchtiges Denken eine gewisse Einträglichkeit mit sich bringt.

Einseitiges Denken dagegen sperrt sich gegen anderes und andere, ironischerweise sogar gegen sich selbst, hat doch „ein jedes Ding zwei Seiten".

Insofern erfüllt für mich eine derartige Ein•Sicht stets die Forderung der 13. Regel (aus meinem Buch „Alles was du willst"): *Sei offenen Geistes.* Ein offener Geist erzeugt den SOG, durch den alles von dir Gewollte unmerklich zu dir hingezogen wird.

Eine Ein•Seitigkeit dagegen will sich von Teilen ihrer selbst abgrenzen, und letzten Endes hieße das, sich selbst zu verleugnen.

Sich zu sich selbst zu bekennen, zum Ur-Antrieb des eigenen Seins zu gelangen und von dort aus sein Leben kraftvoll zu gestalten – das ist die erklärte Absicht dieses Buches.

Die hier zusammengetragenen Einsichten mögen dir dabei helfen, deine ureigenste Lebensaufgabe zu erkennen und sie mit Leben zu füllen.

Denn es gibt sie.

Es ist nur eine, die rote Linie deines Lebens. Und sie ist in dir, seitdem du (hier) bist.

Laß sie uns ent•decken gehen (was genau genommen bedeutet, das Zu•Decken zu beenden, die Decke oder den Deckel zu lüften, um zu sehen, was in dir ist).

Und wenn wir dann hineinsehen, gewinnen wir garantiert einige sehr wertvolle, vielleicht sogar ein paar verblüffende Ein•Sichten, wetten?

Bist du bereit?
Also, los geht's.

TEIL I

Die 24 Universellen Einsichten

Das Geheimnis des Glücks ist ganz einfach:

Finde heraus, was du gern tun möchtest,
und dann setze deine gesamte Energie darauf, es zu tun.
Wenn du so vorgehst,
ergießt sich in dein Leben Überfluß,
und alle deine Wünsche
erfüllen sich mit Leichtigkeit und Anmut.

aus: „Der Mönch, der seinen Ferrari verkaufte"
(Robin S. Sharma)

1. Einsicht: Du bist absolut einmalig

Wann ist etwas kostbar? Es gibt eine einfache Methode, das herauszufinden.

Je seltener etwas ist, desto höher schätzen wir seinen Wert ein. Je schwerer es wird, an ein und dieselbe Sache noch einmal heranzukommen, desto kostbarer oder wertvoller ist es. Tritt dieses Etwas dagegen in Mengen auf, ist es für jeden ohne großen Aufwand erhältlich. Entsprechend sinkt sein (Markt-)Wert bis hin zur Bedeutungslosigkeit. Wenn es Gold und Diamanten in Hülle und Fülle gäbe, würden wir die Straßen damit pflastern.

Kostbares kostet also sehr viel. Dies kann Bares sein, sprich Geld oder Mühe, Zeit, Geduld, Arbeitskraft, Aufwand oder noch anderes.

Eine zweite Bedeutung von *kost*bar wird oft übersehen: Ich muß es kos(t)en können. Kosten und Kosen sind eng miteinander verwandt. Hast du WALT DISNEY'S *Onkel Dagobert* schon einmal dabei zugesehen, wie er seinen ersten selbstverdienten Taler küßt? Was sagt das über sein Mögen seines Vermögens aus?

Kosten heißt also nicht nur, einen Preis für etwas entrichten, sondern deutet auch auf den Genuß hin, der damit verbunden ist. Wenn ich etwas genieße, dann *mag* ich es. Dann gibt es mir ein gutes Gefühl. Würde ich ein schlechtes Gefühl dabei haben, würde es mir auf den *Mag*en schlagen, der keineswegs zufällig so heißt.

Die höchste Steigerungsform von selten ist einmalig. Wenn also etwas einmalig ist, steigt damit sein Wert ins Unermeßliche.

Damit komme ich zu dir. Hast du dir wirklich schon einmal vor Augen geführt, *wie* selten *du* eigentlich bist?

Deine genetische Erbinformation existiert – wie alles an und in dir – nur *dieses eine Mal*. Allein dein Äußeres ist absolut *unwiederholbar*. Selbst wenn du ein eineiiger Zwilling bist – deine Schwester oder dein Bruder sieht dir nur ähnlich, ist aber niemals eine exakte Kopie von dir oder gar mit dir identisch. Die Informationen (dein Wissen, deine Erfahrungen, deine Fähigkeiten), die du im Laufe eines Lebens angesammelt und in deinem Gehirn gespeichert hast, sind in dieser Form *nirgendwo auf diesem Planeten noch sonstwo im Universum noch einmal zu finden*. Du bist nicht nur selten, du bist absolut einmalig.

Mit anderen Worten: Du stellst das Kostbarste dar, was es nur geben kann. Dein (Sammler-)Wert ist schier unvorstellbar. Du bist einmalig, ein echtes Unikat. (Wärst du also ein Diamant oder ein Gemälde oder ein Oldtimer oder ein Artefakt aus der Vergangenheit, würde man dich sofort ins Museum stellen und dem staunenden Publikum präsentieren.)

Du selbst stellst also ein unglaubliches Vermögen dar. Jedes (Ver-)Mögen kommt von Mögen. Wie sehr magst du dich?

Wie ist es denn jetzt, heute, um dein SELBSTWERTGEFÜHL bestellt? Entspricht es dieser kostbaren Einmaligkeit? FÜHLST du dich SELBST als kostbar, als WERTvoll? Und: Verhältst du dich dieser deiner Einmaligkeit gemäß? (Gemäß kommt von Maß – mißt du dich also an dieser deiner Einmaligkeit?)

Wenn die Antwort bei dir – wie bei den meisten Menschen – *nein* lautet, unterliegst du einem ebenso schwerwiegenden wie weitverbreiteten Denkfehler: Du siehst den Baum vor lauter Wäldern nicht (nein, ich habe mich nicht verschrieben).

Oben sagte ich: *Tritt dieses Etwas dagegen in Mengen auf, ist es für jeden ohne großen Aufwand erhältlich, sinkt entsprechend sein (Markt-)Wert bis hin zur Bedeutungslosigkeit.* Der Denkfehler besteht einfach darin, die etwa 6 Milliarden Menschen, die jetzt auf diesem Planeten leben, als gleich und austauschbar anzusehen. Nach dem Motto: Es gibt so viele Menschen, was bin ich da schon wert?

Du siehst eben den Baum vor lauter Wäldern nicht. Und dabei übersiehst du eins: Ohne den einzelnen Baum wäre nämlich kein Wald mehr derselbe.

„Das spielt keine Rolle, ein Baum mehr oder weniger", sagst du. Wirklich?

Was ist dann mit dem Vogel, der sich auf diesen Baum setzt, wodurch sich ein Blatt vom Ast löst und nach unten fällt? Was nicht geschehen wäre, wenn der Baum nicht gerade dort im Wald stünde? Und was ist mit der Schnecke, die diesem Blatt ausweicht und statt nach rechts nun links herum kriecht? Und die nun einen Baumstumpf erklimmt, an dem sie sonst vorbeigekrochen wäre. Und was ist mit dem Mann, der sich auf einem Waldspaziergang auf diesem Baumstumpf für einen Moment ausruht und dabei versehentlich die Schnecke zerquetscht? Der daraufhin, zurück in der Stadt, seine Hose in die Reinigung bringt? In der er, was sonst nicht geschehen wäre, gerade an diesem Tag seine große Liebe kennenlernt und sie wenig später heiratet. Und was ist mit dem Kind, das dieser Ehe entspringt, was sonst nicht geschehen wäre und das zu einem der bedeutendsten Köpfe seines Landes heranwächst und als hoch angesehene politische Persönlichkeit der Welt einen grauenvollen Krieg erspart?

Ein Baum weniger oder mehr? Es spielt eine Rolle, und was für eine!

Dein jetziges Leben ist ein so absolut einmaliges und unermeßlich wertvolles Geschenk, daß jedes Zögern, daraus das Beste zu machen, eine sich jeden Tag vergrößernde Verschwendung darstellt.

Da du dir selbst anvertraut bist, du also der Hüter deines wahren Vermögens bist, liegt es an dir zu entscheiden, was daraus werden soll – ob es sich verzinst oder wie Wasser in der Wüste verrinnt.

Wenn du tust, was andere dir sagen, steht dir das natürlich frei.

Wenn du dich mit Menschen umgibst, die deiner Einmaligkeit Hohn sprechen, die dich kleinhalten wollen, weil sie selbst klein sind, steht dir das natürlich frei.

Wenn du in Situationen, Jobs, Orten ausharrst, in denen du dich unwohl fühlst, die du nicht magst, steht dir das natürlich frei.

Wenn du ein Opfer sein willst, steht dir das frei.

Aber was sagt das alles über den Wert aus, den du dir selbst zu*billigst*?

Wenn du statt dessen beschließt, dich ab heute in jeder Lage nach dem Motto TU WAS DU WILLST zu entscheiden – was sagt das über den Grad aus, mit dem du dich selbst magst?

Jedes (Ver-)Mögen kommt von Mögen. TU WAS DU WILLST ist nicht nur der schnellste, sondern auch der einfachste Weg, deinem Leben einen Sinn zu geben und ihm dabei einen Glanz zu verleihen, der seinem einzigartigen Wert entspricht. Und ehe ich es vergesse – es ist auch der einzige Weg, den du gehen kannst, wenn du ein erfülltes Leben dein *eigen* nennen willst. Wofür du *eigen*tlich da bist.

Wenn du TU WAS DU WILLST ab heute als Entscheidungsgrundlage vor deinen Lebenswagen spannst, dann bekennst du dich zu der dir vom Universum (oder Gott, der Schöpfung, der Allmacht, der Natur oder wie immer du diese Kraft für dich selbst nennst) gegebenen Einmaligkeit und lebst ein einmaliges Leben.

Ich bin, wie die Leser meines ersten Buches wissen, davon überzeugt: Es gibt keinen Zufall (29. Regel). Deshalb existierst auch du nicht zufällig.

Auch wenn in den sogenannten seriösen Wissenschaften der Zufall häufig als Erklärung für Nichtverstandenes herangeführt wird – Zufall an sich bleibt ein bloßer Erklärungsversuch.

Nimm nur den genetischen Kode. Dieser Kode ist ebenso komplex, wie die Zahl der möglichen Kombinationen gewaltig sein kann. Könnte er sich zufällig entwickelt haben?

MICHAEL BAIGENT[7] schreibt dazu: Wenn ein Affe an einer Schreibmaschine säße und tippte jede Sekunde eine Taste – wie lange würde es dauern, bis er durch Zufall ein zwölf Buchstaben enthaltendes deutsches Wort schriebe? Die Antwort lautet: nahezu 17 Millionen Jahre. Wie lange bräuchte derselbe Affe, um zufällig einen bedeutenden deutschen Satz mit nur hundert Buchstaben hervorzubringen – und damit eine wesentlich weniger komplexe Kette als die des genetischen Kodes? Hier ergibt sich eine derart geringe Wahrscheinlichkeit, daß die Zahl der gegenteiligen Chancen größer ist als die Gesamtsumme aller Atome im bekannten Universum.[8] Baigent zitiert an gleicher Stelle den Astronomen FRED HOYLE, der einmal schrieb, das zufällige Entstehen höherer Lebensformen gleiche der Chance, daß „ein durch einen Schrottplatz tobender Tornado eine Boeing 747 zusammensetzen" könnte.

---

7   siehe Quellenangaben im Anhang.
8   Sie beträgt 1 : 10^{100}; im bekannten Universum schätzt man die Zahl der Atome auf 10^{70}.

Wenn du aber nicht durch einen zufälligen Prozeß existierst, dann muß deiner Existenz ein nichtzufälliger Prozeß zugrunde liegen. Was nichts anderes heißt, als etwas oder jemand hat eine Absicht mit dir verfolgt. Wer könnte das sein?

Ich persönlich neige immer mehr dazu, daß an den Reinkarnationsgedanken mehr dran ist, als wir bisher ahnen, und daß dieser Jemand, der da eine Absicht mit uns hat, niemand anderes ist als – wir selbst.[9]

Wenn das wahr ist, dann ist unsere Einmaligkeit Absicht, dann ist unser Hiersein Absicht, und wir kommen dieser Absicht in keinster Weise nach, wenn wir ein Leben in Mittel- und Bedeutungslosigkeit führen.

Das Universum ist ein Ort der Fülle, sagt nahezu jeder, der über die Natur dieses Universums nachdenkt. Du bist ein Teil davon, demnach bist auch du ein Ort der Fülle. Wann wird ein Ort zum Ort der Fülle? Wenn er erfüllt ist. Damit kennst du deine wahre, eigentliche Aufgabe, deine Lebensaufgabe: Erfülle dich selbst.

Mit anderen Worten: Tu was du tun willst.

Sonst machst du dich zu einem Ort der Leere.

---

9 Für mich immer noch am schönsten erklärt in den „Celestine"-Büchern von James Redfield, siehe Literaturverzeichnis im Anhang.

Quintessenz der 1. Einsicht:
Du bist absolut einmalig

1. Du bist so wertvoll, daß es sich lohnt, wenn du in dich investierst (Zeit, Geld, Liebe, Ausdauer, Aufmerksamkeit, Anerkennung).
2. Deine Existenz ist kein Zufall. Du spielst eine wichtige Rolle in der Geschichte der Menschheit. Daß du gerade jetzt und hier lebst ist mit einer Absicht verbunden. Darum nimm deine Hauptrolle an.
3. Du bist frei in deinen Entscheidungen. Was dich umgibt, hast du selbst gewählt. Das bedeutet, du kannst es auch wieder abwählen.
4. Das Universum ist ein Ort der Fülle und damit ein Ort der Erfüllung. Du als ein Teil davon hast ein Recht, auch Teil dieser Fülle zu sein. Füllen mußt du dich allerdings allein – indem du dich erfüllst. Das kannst du aber nur für dich selbst tun. Niemand sonst ist dazu in der Lage.
5. Jedes Vermögen kommt von Mögen. Je mehr du eine Situation ablehnst, desto mehr lehnt dich auch die Situation ab (das ist die aus der Physik bekannte Gegenkraft). Je mehr du eine Situation magst, desto mehr ist dir möglich.

2. Einsicht: Wenn du dich von etwas getrennt fühlst, bist *du* gespalten

Die Idee der Trennung ist eine Illusion.

Viele Menschen klagen über (meist negative) Gefühle der Trennung. Sie fühlen sich von ihrem Partner und anderen Personen getrennt. Dabei kann die Trennung räumlich gemeint sein. Oder sie wird durch Gräben, ja regelrechte Schluchten unterschiedlicher Ansichten, Kulturen, Sprachen, Religionen, Hautfarben und Historien empfunden.

Andere erleben sich getrennt – abgeschnitten – vom Geldstrom, vom Glück, von der Gesellschaft (wer auch immer das ist), von der Liebe, sogar getrennt vom Leben!

Natürlich ist dies ein *Gefühl*, was nicht bedeutet, daß es sich tatsächlich so verhält. Denn die Idee der Trennung ist eine Illusion.

Wie kannst du vom Leben getrennt sein? Du bist das Leben. Es gibt nirgendwo Trennung. Das wußten die Mystiker zu allen Zeiten, und diese Erkenntnis gewinnen die Wissenschaftler unserer Tage (allen voran die der Quantenelektrodynamik) gerade überall. Alles ist mit allem verbunden. Alles wirkt auf alles ein, beeinflußt sich wechselseitig.

Nichts existiert für sich allein.

„Räumliche Entfernung ist irrelevant!" sagt Seven of Nine, eine Figur der Fernsehserie *Star Trek: Voyager*. Recht hat sie.

Sei es, daß zwei Zwillingsteilchen unabhängig von ihrer räumlichen Entfernung immer wissen, wann das jeweils andere seine Drehrichtung ändert, und sich der geänderten Drehrichtung anschließen.

Sei es, weil die Forschungen der Princeton University im Rahmen des PEAR-Programms (Princeton Engineering Anomalies Research Program) ergaben, daß das menschliche Bewußtsein über Tausende von Kilometern Entfernung hinweg in der Lage ist, das Verhalten verschiedener mechanischer, elektronischer, optischer, akustischer und flüssiger Vorrichtungen durch zuvor festgelegte Absichten zu beeinflussen.[10]

Sei es, weil unsere DNA nicht „nur" den Bauplan unseres gesamten Körpers enthält (und darüber hinaus in jedem Lebewesen – von der Amöbe bis zum Zebra – den gleichen Kode, sprich dieselbe Sprache benutzt), sondern weil sie auch, wie GRAŻYNA FOSAR und FRANZ BLUDORF in ihrem Buch „Vernetzte Intelligenz" nachweisen, unsere Verbindung zu allen anderen Menschen (und möglicherweise dem Rest des Universums) darstellt und höchstwahrscheinlich auch unsere Verbindung zu allen anderen Dingen in diesem Universum.[11]

Die Idee, *irgend etwas* könne getrennt von anderem existieren, wird nun auch in der Wissenschaft allmählich zur Illusion.

Wenn du dich also von jemandem oder einer Sache getrennt fühlst, dann existiert diese Trennung nur an einem einzigen Ort: in dir. Nur du kannst gespalten sein – in deinem Denken, deinen Vorstellungen, deinen Programmen, in deinen Meinungen. Doch wer ist für diese innere Spaltung verantwortlich?

Auch wenn du es dir vielleicht im ersten Moment nicht eingestehen willst: es sind nicht die anderen. Du bist dafür verant-

---

10 siehe Literaturverzeichnis und dortige Quellenangaben
11 dto.

wortlich. Da die Idee der Trennung nur in dir ist, mußt du an irgendeiner Stelle deines Lebens einmal *ja* zu dieser Idee gesagt haben. Laß sie am besten wieder los. Denn wenn du dich als getrennt von anderen Menschen, als getrennt von sogenannten guten Beziehungen, als getrennt vom Geldstrom oder von was auch immer betr•achtest (was auch bedeutet, daß du *nicht* auf die überall vorhandenen BETReffenden Hinweise ACHTEST), dann gleichst du damit einer Zelle, die sich von ihrem Zellverbund abkapselt.

Dein Zellverbund ist die gesamte übrige Menschheit. Denke einmal Schritt für Schritt mit.

Du selbst setzt dich aus Quarks (und noch kleineren Dingen) zusammen, die im Verbund Atome bilden. Diese Atome vereinen sich zu Molekülen und die wiederum zu Molekülgruppen. Aus solchen Gruppen besteht jede einzelne Zelle deines Körpers. Zellgruppenverbände bilden Organe. Organgruppen bilden einen Körper, in deinem Fall den eines Menschen. Die logische Weiterentwicklung *außerhalb* deines Körpers ist: Du findest dich zu einem Paar, zu einer Familie, zu einem Stamm, zu einer Gesellschaft, zu einer Weltbevölkerung zusammen – alles *Organ*isationen, die eine menschliche Nachahmung der natürlichen biologischen Gegebenheiten sind. WOLFGANG MEWES war der erste, der begriffen hatte, daß sich menschliche Organisationen exakt und immer so verhalten wie ihre natürlichen Vorbilder, die Organismen (nachzulesen in seinem wirklich empfehlenswerten Fernlehrgang „Die EKS-Strategie©"[12]).

---

12 die Karriere-Strategie schlechthin für alle, die *Karriere machen* wollen (s. Literaturverzeichnis)

Wenn du dich also von deinem Zellverband namens Menschheit abkapselst, gleichst du somit einer Zelle, die sich verhält, als ob sie *krank* wäre.

Da Heilen von *Heilsein* oder *Vollständigsein* kommt, bedeutet Kranksein im Umkehrschluß, daß etwas fehlt.[13]

Dem Universum ist es völlig egal, ob du wirklich krank bist oder nur so tust, als ob – das Ergebnis ist dasselbe.

Ich meine: Jemand ist krank, wenn mindestens einer seiner vielen Kreisläufe nicht vollständig ist. Und es gibt darunter auch einen Kreislauf des Denkens. Wenn ich z. B. immer wieder und wieder negativ denke, dann entzieht das meinen „realen" Kreisläufen Energie, und am Ende werden die Organe krank, weil etwas fehlt: eben Energie.

Wenn ich denke, ich sei von allen anderen Menschen getrennt, entzieht mir das folglich Energie. Warum? Weil das Gegenteil wahr ist. Eigentlich logisch, Universum bedeutet ja *Alles ist eins*.[14]

Wenn du annimmst, du seiest allein (im Sinne von von den anderen getrennt), dann stellst du dich damit sozusagen gegen das Universum selbst. Und die Strafe erfolgt prompt: Dieses Vorgehen kostet dich Energie, jene wertvolle Lebensenergie, die dich gesund erhält und ohne die dein Leben nicht möglich wäre.

---

13 Die Worte KRANK, KRANZ und KREIS sind – zumindest in der deutschen Sprache – eng miteinander verwandt. Früher hat man krank so geschrieben: *kranc*. Und ausgesprochen wurde es in manchen Regionen als *kranz*. Das „C" wurde also oft wie ein „K", manchmal aber auch wie ein „Z" ausgesprochen (vgl. den Namen Caesar: Heißt es nun *Zaesar* oder *Kaesar*?). Ein Kranz aber ist ein geflochtener Kreis. Krank hat demnach etwas mit Kreis oder vielmehr mit Kreisläufen zu tun.

14 siehe AWDW, 36. Regel: *Alles ist eins*

Daraus kannst du wiederum einen verblüffenden Umkehrschluß ziehen. Drehst du dein Denken um, indem du dich als verbunden mit allem und jedem betrachtest, bekommst du Energie, und zwar ununterbrochen, immer wieder, jeden Tag, so viel du brauchst.

Du nimmst diese Energie (die ich gern *vaya* oder Vitalstrom nenne) als Wohlfühlen wahr, als Lebenslust, als Gesundheit, als „Power", wie es vielerorts jetzt heißt, als Antriebskraft für dein Tun auf dieser Welt.

Wie willst du tun, was du willst, wenn du den dafür nötigen Antriebsstoff nicht in ausreichender Menge zu deiner Verfügung hast?

Wenn du aber dein Denken so ausrichtest, daß darin die Vorstellung *Ich bin mit allem verbunden* Platz findet, dann geschehen die merkwürdigsten Dinge – Synchronizitäten.

Dann rufen dich auf einmal Leute an, die dir genau die Dinge anbieten, die du haben willst. Dann gehst du ins Restaurant und bekommst den einzigen noch freien Platz exakt am Tisch jenes Menschen, der dein Problem im Handumdrehen lösen kann. Sprich ihn an und du kommst aus dem Staunen nicht mehr raus! Dann denkst du „zufällig" an jemanden, und wenig später klingelt das Telefon und genau dieser Jemand ist dran.

Wenn du dich mit allem anderen verbunden fühlst, bist du nicht länger gespalten, sondern ganz und heil[15]. Deshalb funktioniert TU WAS DU WILLST auch immer nur zum Wohle aller. Denn alle würden aufgrund dieser unsichtbaren Verbindung immer unbewußt mitbekommen, wenn du unlauter wärst.

---

15 Woher, meinst du, kommt wohl der Begriff *heilig*?

Übrigens: Auch Geld bildet einen Kreislauf, ist fließende Energie, da letztendlich alles aus Energie besteht. Wenn du dich von diesem Kreislauf als getrennt empfindest, kostet dich das Energie – in diesem Fall genau die Energieform, um die es geht: Geld.

Zugegeben, es ist ungewohnt, so zu denken. Aber wenn du dich auch mit dem Geld *an sich* als verbunden empfindest, dann ist die Million schon auf dem Weg zu dir. „Das glaube ich nicht!" höre ich dich sagen. Okay, aber genau das ist ein Trennungsgedanke. Und nach deinem Glauben wird dir geschehen, wie schon Matthäus (9,29) meinte.

Quintessenz der 2. Einsicht:

Wenn du dich von etwas getrennt fühlst, bist *du* gespalten

1. Du bist mit allem und jedem verbunden. Die Idee der Trennung ist eine Illusion. Räumliche Entfernung ist irrelevant. Nichts existiert für sich allein.
2. Gedanken, die eine Trennung beinhalten – mit denen du dich also von jemandem oder etwas als getrennt empfindest –, kosten dich Energie.
3. Gedanken, die eine Verbundenheit beinhalten – mit denen du dich also mit allem und jedem als verbunden empfindest –, schenken dir Energie im Überfluß.
4. Synchronizitäten (erstaunliche Fügungen) erleichtern dein Leben auf sonst unerreichbare Weise. Du erlebst sie, wenn du dich mit allem und jedem als verbunden empfindest.
5. Jedes Vermögen kommt von Mögen. Je mehr du *die Menschen* (in ihrer Gesamtheit, ohne Rassen- oder sonstige Trennungsgedanken) und *einzelne* Menschen magst, desto verbundener fühlst du dich. Tägliche Reibereien mit anderen sind auch Trennungsgedanken, denn sie trennen in ein DU mit deiner Ansicht dort und in ein ICH mit meiner (selbstverständlich immer „richtigen" – das meine ich ironisch!) Ansicht hier.

3. Einsicht: Die Welt ist das, was du von ihr denkst

Diese Einsicht ist Sprengstoff pur. Besagt sie doch nicht weniger als: du – jawohl, du! – bist der Erschaffer oder die Erschafferin all deiner Lebensumstände.

Du erschaffst alle deine Lebensumstände ...

Manchem wird dabei mulmig. Ich nehme mich selbst dabei nicht aus. Als ich, angeregt durch die Veröffentlichungen von ELKE und BJÖRN WALKER[16], anfing, darüber nachzudenken, was und wie ich dachte, erlebte ich immer wieder „Momente der Wahrheit". Und manche Wahrheit möchten wir zunächst gar nicht gern sehen/hören/fühlen, stimmt's?

Du kannst diesen Satz ablehnen. Dann sagst du dir damit gleichzeitig, daß es Kräfte außerhalb von dir gibt, die einen nicht abwendbaren Einfluß auf dich haben (oder dich ignorieren, je nachdem) und dein Schicksal so mitgestalten.

Wenn du also denkst, daß es Kräfte außerhalb von dir gibt, die einen nicht abwendbaren Einfluß auf dich haben (oder dich ignorieren, je nachdem) und dein Schicksal so mitgestalten, dann hast du eine Welt vor dir, in der du etwas gedacht hast und es *ganz genau so ist*. „Moment mal", sagst du irritiert, „das ist doch aber ..."

... ganz so, als würde der Satz gelten, obwohl du ihn ablehnst. Ziemlich verrückt, nicht wahr?

Du kannst den Satz auch bezweifeln. Dann wirst du in einer

---

16 im Izul-Verlag oder unter www.Izul.ch

Welt leben, in der dir manchmal so ist, als würde alles so ablaufen, wie du es dir vorher gedacht hast (besonders bei den Anlässen, bei denen du gern „ich hab's doch gewußt!" ausrufst), und manchmal eben völlig anders. Mit anderen Worten: doch so, wie du gedacht hast, denn du hast ja mit deinem Zweifel nicht klar Stellung bezogen. Und wieder: Das ist doch ganz ...

... als ob der Satz dennoch gilt, obwohl du ihn bezweifelst. Stimmt exakt.

Und du kannst den Satz als wahr annehmen. Dann lebst du in einer Welt, in der du die völlige und ausschließliche Verantwortung für dich übernommen hast.

Davor fürchten sich übrigens die meisten: selbst „schuld" zu sein an allem, was ihnen widerfährt. Denn das hieße, niemandem sonst, nicht einmal irgendwelchen besonderen Umständen, die Verantwortung zuschieben zu können.

Wir leben in einem Universum, schreibt AMIT GOSWAMII[17], das offenbar auf unsere Vorstellungen und unser Denken reagiert. Und zwar immer in dem Sinn, in dem wir denken.

Björn Walker nennt es ein Lebensgesetz, und weil es ein Lebensgesetz ist, kann man es gar nicht *nicht* anwenden.

Wenn du in Zukunft tun möchtest, was du willst, hat das für dich bedeutsame Auswirkungen.

Wenn du denkst, ich weiß ja (noch) gar nicht, was ich tun möchte, dann erschaffst du eine Welt, in der du (noch) gar nicht weißt, was du tun möchtest.

Wenn du denkst, ich kann dieses oder jenes nicht tun, weil X und Y dagegen sprechen, erschaffst du eine Welt, in der du dieses oder jenes nicht tun kannst, und du erschaffst zugleich eine

---

17 „Das bewußte Universum", siehe Literaturverzeichnis

Welt, in der X und Y vehement dagegen sprechen. Du kannst es deswegen nicht tun, weil du selbst durch dein vorangegangenes Denken dazu beigetragen hast.

Wenn du denkst, in dieser Welt nur weiterkommen zu können, indem du rücksichtslos deinen Vorteil nutzt (auch wenn du dazu andere übervorteilen mußt), dann kreierst du eine Welt, in der du genau *das* tun mußt, um vorwärtszukommen. UND du erschaffst eine Welt, in der auch die anderen dich übervorteilen werden.

Es wird noch verrückter.

Wenn du meinst, du brauchst *irgend etwas*, um zu tun, was du willst[18], dann erschaffst du eine Welt, in der du genau dieses Irgendetwas brauchst, sonst geht es nicht.

Wenn du meinst, dieses Irgendwas nicht zu brauchen, um zu tun, was du willst, dann erschaffst du eine Welt, in der du genau dieses Irgendetwas *nicht* brauchst.

Ist die Welt wirklich so einfach? Ja, sagt der französische Physiker JEAN E. CHARON[19]: Die Welt ist das, was du von ihr denkst.

Die Frage aller Fragen ist also: Was denkst du *wirklich*?

Mit WIRKlich meine ich immer das, was sich dann als WIRKung zeigen wird.

Dabei spielt es keine Rolle, was wir auf der Oberfläche unseres Denkens anderen und uns selbst vorgaukeln. Wichtig ist allein, was wir tief in unserem Innersten denken. Manche nennen es daher die untere Denkebene. Ich spreche lieber von der WIRKebene unseres Denkens, auf der alles geschieht.

---

18 *einschließlich* dieses Buches, des Vorgängerbuches, meiner Seminare oder der Bücher, Videos, Tonträger und Seminare meiner Kolleginnen und Kollegen, aller sonstigen Ratgeber, Meister, Religionen, Verfahrensweisen, Methoden, Prinzipien und Rezepte.

19 den auch René Egli und Björn Walker zitieren. Letzterer weist darauf hin, Charon sei durch seine *Berechnungen* zu diesem Schluß gekommen und nicht durch Meditieren, Glauben oder Kaffeesatzlesen.

Du kannst dich noch so lange vor den Spiegel stellen und dir zurufen „Ich bin der Beste!" (oder was auch immer du so vor dem Spiegel rufst, nachdem du ein Seminar besucht hast, in dem dir das tägliche Vor-den-Spiegel-Stellen-und-dir-Zurufen empfohlen wurde), wenn du gleichzeitig das Gegenteil davon glaubst.

Wenn du dir einredest, das wird schon werden, auf deiner WIRKebene aber ständig überlegst, ob es nicht auch schiefgehen kann, dann wird es auch schiefgehen.

Das Prinzip TU WAS DU WILLST funktioniert demnach nur, wenn du es nicht nur an der Oberfläche, sondern *auch* auf deiner WIRKebene denkst. Ausschlaggebend ist, ob du glaubst, daß das, was du tun willst,

1. sinnvoll ist,
2. allgemein (an sich) möglich,
3. speziell dir möglich und daß
4. du alles hast oder bekommen kannst, was du dazu brauchst, egal was es ist. (Merke: Da die Welt immer ist, was du von ihr denkst, kannst du unter 4. auch denken, daß du *nichts* weiter dazu brauchst).

Entscheidend ist allein, was du glaubst.

Das, was du erwartest, tritt ein.[20]

„Nicht weil die Dinge schwer sind, wagen wir sie nicht," schrieb der römische Philosoph SENECA, „sondern weil wir sie nicht wagen, sind sie schwer." Absolut richtig. Wir wagen sie nur nicht, weil wir auf der WIRKebene glauben, daß sie schwer sind.

Weshalb tust du bisher nicht, was du (WIRKlich) willst?

---

20 AWDW, 19. Regel: *Das, was du erwartest, tritt ein* und die 30. Regel: *Wende die Realisierungsformel an*

Quintessenz der 3. Einsicht:
Die Welt ist das, was du von ihr denkst

1. Du bist die Erschafferin oder der Erschaffer all deiner Lebensumstände.
2. Entscheidend ist immer allein, was du glaubst.
3. Ob du glaubst, daß du zum Erreichen deiner Ziele, Wünsche und Träume *etwas* brauchst, oder ob du glaubst, es *nicht* zu brauchen – du hast immer recht.
4. Du denkst immer auf zwei Ebenen: auf der Oberfläche (das ist auch häufig das, was du anderen erzählst) und auf der tieferen WIRKebene. Hier erschafft dein Denken deine WIRKlichkeit. Du denkst, und das Universum reagiert entsprechend. Es entspricht also immer deinen Gedanken.
5. Die Einsicht ist ein Lebensgesetz. Ob du sie ablehnst, an ihr zweifelst oder sie bejahst – du kannst sie nicht *nicht* anwenden. Sie ist.

4. Einsicht: Loslassen ist Veränderung

Weißt du, warum die meisten Menschen eine Riesenangst davor haben, das zu tun, was sie wirklich wollen?

Die Antwort ist: Sie können von diesem Moment an niemand *anderes* mehr verantwortlich machen. Solange ein Chef, ein Lebenspartner, ein Elternteil, ein Priester, ein Motivationstrainer oder wer auch immer dir sagt (oder sagen darf), was für dich richtig ist und was demzufolge von dir zu tun ist, solange hast du jemanden, dem du die Schuld am Scheitern geben kannst. Das gleiche gilt für Firmen, Organisationen, Vereine, Sekten, Kirchen und sonstige Zusammenschlüsse. Das ist bequem, zumindest vordergründig, denn: Wenn dir ein Produkt einer Firma nicht gefällt – wer zwingt dich, es weiter zu benutzen oder noch einmal zu kaufen? Oder einer Anweisung weiter zu folgen?

Loslassen ist Veränderung. Schuldzuweisen ist Festhalten. Bitte beachte auch, daß Schuldzuweisungen *reich*lich unökonomisch sind, denn sie kosten dich sehr viel Energie. Immerhin wendest du damit auch deine Aufmerksamkeit von dir fort. Da aber das wächst, worauf du deine Aufmerksamkeit richtest[21], bist du allein im Nachteil, sobald du Schuld an andere zu verteilen beginnst. Abgesehen davon verschaffst du dir auch noch ein schlechtes Gefühl, da dein Unterbewußtsein nicht zwischen

---

21 AWDW, 6. Regel: *Das, worauf du deine Aufmerksamkeit richtest, wächst*

innen und außen unterscheiden kann[22] und daher meint, du schimpfst die ganze Zeit über dich selbst.

Sobald du tust, was du willst, liegt die Verantwortung[23] bei dir. Dennoch fürchten sich viele vor diesem Moment der Übernahme der totalen Verantwortung für sich selbst. Denn wenn du dazu übergehst, fortan das zu tun, was du willst, dann veränderst du dadurch so gut wie alle Eckpfeiler deines bisherigen Lebens. Nichts ist mehr so wie zuvor.

„Ach du Schreck!" würde Donald Duck, der ewige Verlierer bei WALT DISNEY, jetzt rufen. Anders sein Onkel Dagobert. Er würde es nicht anders wollen, in die Hände spucken und sich seine Welt nach seinen Vorstellungen neu erschaffen.[24]

Das, was dir vielleicht bis eben Sicherheit vermittelt hat – die Anweisungen der anderen –, liegt jetzt hinter dir.

Das bedeutet, du bewegst dich weit aus deiner sogenannten *Komfortzone* heraus. (Um dieses Kapitel nicht zu sprengen, habe ich im Anhang dieses Buches den Begriff der Komfortzone ausführlich beschrieben. Falls er dir nicht vertraut ist, siehe dort – Seite 229 – bitte zuerst nach, ehe du hier weiterliest.)

TU WAS DU WILLST bedeutet also immer Veränderung des Gewohnten, und das heißt, du wirst das Gewohnte loslassen müssen.

---

22 AWDW, Anhang: Die neun Grundbefehle deines Unterbewußtseins

23 Das ist übrigens einer von vielen schönen Nebeneffekten am TU WAS DU WILLST-Prinzip. Da du nur noch dich selbst verantwortlich machen kannst, bist du es auch selbst, auf den du deine Aufmerksamkeit richten mußt, wenn du denn unbedingt einen Schuldigen finden willst. So bleibt die Energie wenigstens dort, wo du sie bestens gebrauchen kannst: bei dir.

24 Um Mißverständnissen vorzubeugen: Auch wenn Dagobert meist tut, was er will, so ist er doch eine Figur mit einer ganzen Reihe von negativen Eigenschaften, die ihm immer wieder Schwierigkeiten bereiten, nimm z. B. seinen sprichwörtlichen Geiz. Hier zeigt sich überdeutlich Dagoberts *Festhalten,* und eben das verschafft ihm seine vielen, vielen Probleme.

Denn wenn du es festhältst, bleibst du weiterhin innerhalb deiner Komfortzone, und alles bleibt, wie es war.

In den meisten Fällen halten wir am Gewohnten fest, weil wir fürchten, es zu verlieren.

Da die Welt aber das ist, was ich von ihr denke[25], ist dieses Festhalten extrem unsinnig. Denn dann denke ich ja auf meiner WIRKebene gerade über ein Verlieren nach und erschaffe genau damit erst eine Welt, in der ich das, was ich da festhalte, verlieren kann und höchstwahrscheinlich auch werde.

Loslassen ist das Akzeptieren der Veränderung. Akzeptieren (lateinisch *ac-cipere*) ist die intensivste Form des Verstehens, wie Kenner der lateinischen Sprache wissen.[26] Akzeptieren ist Liebe.

Liebe ist wiederum die intensivste Form des Mögens. Jedes Vermögen (selbstverständlich auch das Vermögen loszulassen) kommt von Mögen.

Die entscheidende Frage ist also: Wie sehr *magst* du das, was du da tun willst? Stellt es für **dich im wahrsten Sinn des Wortes** die Erfüllung dar? Oder schlägt dir allein die Vorstellung auf den Magen, „es" könnte Wirklichkeit werden?

Du siehst: TU WAS DU WILLST ist absolut ehrlich. Dein eingebauter Lügendetektor ist, wenn du so willst, dein Gefühl des Mögens. Er er*möglich*t dir, die „Spreu vom Weizen" zu trennen. Und zugleich ist dein Gefühl des Mögens auch dein untrügliches Ortungsgerät, um überhaupt (heraus) zu finden, was (und wo) es denn ist, das du da tun willst.

Loslassen bedeutet zu akzeptieren, *daß* ich loslasse.

---

25 siehe 3. Einsicht: *Die Welt ist das, was ich von ihr denke*
26 AWDW, 34. Regel: *Lerne zu akzeptieren: Sage ja*

Natürlich weißt du es vom Prinzip des Bogenschießens her: Wenn du den Pfeil nicht losläßt (sondern festhältst), bleibt die Spannung – also die Energie – dort, wo sie absolut sinnlos ist. Erst wenn du den Pfeil losläßt, wird die Sache sinnvoll.

Doch wie sieht unsere Umwelt, unser sogenannter Alltag aus?

Wenn wir krank sind, beschäftigen wir uns ununterbrochen mit unserer Krankheit und wundern uns, daß wir nicht gesunden.

Wir setzen auf eine lieb gewordene, bestimmte Technologie, halten am Gewohnten fest und fragen uns verwundert, wieso wir immer weniger verkaufen.[27]

Wir halten unsere bisherigen Lebensumstände aus, obwohl sie uns nicht gefallen, und wundern uns, weshalb wir uns immer so matt und wie erschlagen fühlen.

RENÉ EGLI schreibt in seinem Buch „Das LOL^{2}A-Prinzip": „Mit Festhalten kannst du alles töten, es ist nur eine Frage der Zeit." Daraus kannst du ableiten: Mit Loslassen kannst du alles beleben, es ist nur eine Frage der Zeit. Verblüffend, nicht?

„Wie aber lasse ich denn jetzt richtig los?" fragst du.

Geh' am besten den einfachsten Weg. Das ist der zugleich leichteste und natürlichste Weg – und der kürzeste.

Die Natur geht *immer* den Weg des geringsten Widerstandes (die ist ja auch nicht bekloppt, die Natur). Der einfachste Weg ist der, bei dem du die höchstmögliche Energie zur Verfügung hast. Die Dinge, die Personen, die Orte, die Themen, die du magst, motivieren dich am leichtesten. Sie *bewegen* dich, weil sie dir

---

[27] Aktuelles Beispiel: *Polaroid-Kameras und -Filme* in Zeiten der Digitalkameras. So ging es schon dem Hufschmied, der sagte, Pferde seien bei der Armee, in der Wirtschaft, auf dem Land unersetzlich, und sein Beruf sei der krisenfesteste der Welt.

Energie geben *und* Energie in dir freisetzen (nämlich die, die du bisher zum Festhalten brauchtest). Wenn du dich in jeder Lebenssituation nach dem TU WAS DU WILLST-Prinzip (siehe Seite 28) verhältst, dann läßt du die Dinge, die dich wertvolle Energie (*vaya*, Vitalstrom) kosten, automatisch liegen und damit – los.

Wie erkennst du, ob du festhältst?

Achte auf Sätze oder Gedanken von dir, die etwa so lauten:

„Ich würde ja gern ..., aber ich kann nicht, weil ..."

„Leider bin ich gezwungen ..., denn ..."

„Ich habe es schon oft versucht, doch immer ist ..."

„Grundsätzlich mag das ja gehen, doch bei mir (in meiner Branche, in meinem Job, in dieser Firma, in meiner Familie, mit meinem Partner, wegen meines Hundes, meines *handicaps*, meiner Ausbildung, meiner Größe, meines Alters, meiner finanziellen Situation, meiner Herkunft, weil ich eine Frau oder ein Mann bin) geht es in meinem Fall nicht!"

ABRAHAM LINCOLN hat den Satz geprägt: „Wenn du nur das tust, was du schon immer getan hast, wirst du immer nur das bekommen, was du schon immer dafür bekommen hast."

Das heißt für dich: Wenn du mit dem unzufrieden bist, was du in deinem Leben zur Zeit vorfindest (also im Berufs-, Privat-, Liebes- und sonstigem Leben), dann mach' *einfach* (so einfach es geht) mehr draus und laß es los. Und der einfachste Weg ist: Tu was du willst.

Quintessenz der 4. Einsicht:
Loslassen ist Veränderung

1. Loslassen ist Veränderung. Schuldzuweisen ist Festhalten.
2. Wenn du ein Gewohnheitsmensch bist, bist du gewöhnlich. Außergewöhnlich wirst du erst, wenn du deine *Komfortzone* verläßt.
3. Akzeptiere die Veränderung. Akzeptieren ist Liebe. Liebe ist die höchstmögliche Steigerungsform von Mögen. Jedes Vermögen (das finanzielle ebenso wie das, etwas zu tun) kommt von Mögen.
4. Mit Festhalten kannst du alles töten, es ist nur eine Frage der Zeit. Mit Loslassen kannst du alles beleben, es ist gleichfalls nur eine Frage der Zeit.
5. Wenn du nur das tust, was du schon immer getan hast, wirst du immer nur das bekommen, was du schon immer dafür bekommen hast.

5. Einsicht: Finde heraus, wozu du eigentlich da bist

Vielleicht kennst du Witze, die so beginnen: Jemand stirbt und kommt zum Himmelstor. Dort trifft er Petrus (der *Fels*, was in sich schon wieder ein Witz ist, gerade ihn ins Himmelstor zu stellen), und der fragt den Neuankömmling ... – meistens etwas Unerwartetes, aus dem der Witz dann seine Pointe[28] bezieht.

Stell' dir einmal kurz vor, du seist dieser Jemand. Und du kommst frisch gestorben zu Petrus, und er fragt dich sichtlich neugierig, ja regelrecht aufgeregt: „Und? Hat's diesmal geklappt?"

Und du hast nicht die leiseste Ahnung, wovon der Kerl da redet. Dazu hast du irgendwie den beunruhigenden Eindruck, von deiner Antwort hänge alles weitere ab ...

Im Ernst – es macht Sinn, sich die Frage, warum du eigentlich hier bist, schon im Diesseits zustellen. Es ist wie mit den Blumen auf dem Grab: zu Lebzeiten wären sie sinnvoller gewesen. Also:

Warum bist du hier?

Ich bin davon überzeugt, es gibt in diesem Universum keine Zufälle. Wir überblicken nie die Ursache-Wirkungsketten in ihrer gesamten Länge, eben weil sie viel zu lang dazu sind. Tritt dann ein Ereignis ein, sind wir oft verblüfft. Doch nur, weil uns eine Erklärung fehlt, ist das noch kein Beweis für einen Zufall. Da

---

28 Sehr empfehlenswert, falls du dich für Humor und wie er funktioniert interessierst: ein neues Buch von Vera F. Birkenbihl, „Humor", siehe Literaturverzeichnis

jedes Ereignis eine Ursache hat und die ebenfalls eine und so weiter, muß jeder Zufall die Wirkung von etwas sein. Wo aber ein Zufall nicht existiert, ist Absicht vorhanden.

Wenn ich etwas absehe, dann blicke ich auf etwas, von dem ich dann etwas ab sehe. Somit ist Absicht ein anderes Wort für Vorstellung. Das, was ich VOR mich hin (oder vor mein geistiges Auge) STELLE, ist zugleich die Richtung, in die ich blicke, gibt also vor, was vorne ist und vor mir liegt, und das, worauf ich zugehe.

Weiterhin bin ich davon überzeugt, die Natur, das Universum verschwendet nicht.[29]

Wenn also deine Existenz erstens kein Zufall, sondern Absicht ist und zweitens auch keine Verschwendung darstellen kann, dann muß es einen triftigen Grund geben, warum du lebst, warum du *gerade jetzt* und *gerade hier* an diesem Ort verweilst. Deine Familie, in die du hineingeboren wurdest, deine Bezugspersonen (falls du z. B. Adoptiveltern hast), deine Zugehörigkeit zu einer Menschengruppe (Rasse, Volk, Stamm, deine Sprache, in der du denkst) – all dies ist Teil der mit dir verbundenen Absicht, ebenso deine Vorlieben, deine Affinitäten für bestimmte Dinge und Themen.

Ich nenne diesen Grund, warum du hier bist, gern deine PER•sönliche LE•bensaufgabe, kurz: deine PERLE. Wie eine wirkliche Perle ist sie der Kristallisationspunkt, das Zentrum tief in dir, um den sich dein Leben von Anfang an dreht.

Magst du Perlen? Wahrscheinlich ja. Gerade in diesen Tagen hat eine regelrechte Renaissance der Perlenkette eingesetzt, und

---

[29] AWDW, 29. Regel: *Es gibt keinen Zufall* und 7. Regel: *Alles in der Natur ist sinnvoll geordnet*

überall sehe ich Leute, die Perlen tragen: meist am Handgelenk als Armband, nicht unbedingt aus echten Perlen gefertigt, aber aus perlenförmigen Natur- und Halbedelsteinen.

Eine Perle ist etwas Besonderes. Ihre Entstehung verdankt sie einem seltenen Ereignis, dem Eindringen eines Sandkorns in die sonst so dicht abschließende Muschelschale. Um diesen Kern herum bildet sich dann die Perle, und ihrem Wesen nach ist jede Perle einzigartig, individuell. Keine gleicht der anderen, und eine jede enthält in ihrem Kern das Geheimnis ihres Entstehens. Gleichzeitig spiegelt sie das Universum. Alles ist eins.

In diesem Sinn gleicht die Perle (d)einer

PER-sön-L-ichk-E-it,

und kein Gold der Welt kann eine einmal verlorengegangene Perle je wieder ersetzen.

Je mehr du diesem deinem ureigensten Kern näherkommst, desto erfüllter ist dein Leben. Je weiter du dich von deiner PERLE entfernst, desto unausgeglichener bist du. Ein anderes Wort für Unausgeglichenheit ist Disharmonie. Die Töne *stimmen* nicht. Du als Person bist jemand, durch die ein Ton hindurch erklingt (Person kommt von lateinisch *per sonare*). Wohlgemerkt – *durch dich erklingt ein Ton* meint zweierlei: Du machst (manchmal große) Töne, aber auch durch dich *hindurch* erklingt ein Ton (im Gesamtkonzert der Schöpfung). Und wenn ein Ton fehlt oder falsch gespielt wird – das sagt dir jeder Musiker –, ist es aus mit der Harmonie. Deswegen ist es sehr bezeichnend, wenn wir bei Unausgeglichenheit von einer schlechten *Stimmung* sprechen.

Die Natur, das Universum hat uns dankenswerterweise so konstruiert, daß wir einen eingebauten Sensor mitbekommen haben, der auf unsere ganz persönlichen Anlagen geeicht ist.

Dieser Sensor arbeitet – wie könnte es in einem schwingenden Universum anders sein – nach dem Resonanz/Dissonanz-Prinzip (beachte das *-sonanz* in beiden Worten, das ebenfalls von lateinisch *sonare* abgeleitet ist).

Du spürst Freude, wenn du mit Dingen, Personen, Orten und Themen zusammenkommst, die mit deiner PERLE in Resonanz sind, also auf der gleichen Frequenz schwingen. Du bist dann, anders formuliert, wohl gestimmt. Du *mag*st es. Weswegen dir dein Bauch (dein *Mag*en) ein gutes Gefühl ver*mitte*lt (sinnigerweise ist dein Magen auch ziemlich in der *Mitte* deines Körpers angeordnet – was für ein „Zufall"!). Und du spürst Unlust, Schmerz und Angst, wenn du mit Dingen, Personen, Orten und Themen zusammenkommst, die mit deiner PERLE in Dissonanz sind, also auf einer anderen Frequenz schwingen.

Wobei gilt: Je abweichender die Schwingung, desto widerlicher ist dein Gefühl. Und je harmonischer die Schwingung, desto euphorischer ist dein Gefühl. Das stärkt dein Immunsystem, und ganz nebenbei gilt: um so gesünder bist du.

Ich empfehle dir eine Übung, die zugegebenermaßen ein wenig Zeit kostet, die sich aber als das Wertvollste herausstellen kann, was du in deinem bisherigen Leben je für dich getan hast.

Nimm ein schönes, gebundenes Heft (ein Tagebuch oder ähnliches, keine einzelnen Zettel), und schreibe einmal die *für dich wichtigsten* Stationen deines Lebens auf. Schreibe sie in erzählender Form auf, so als ob du sie einer plötzlich aufgetauchten, unbekannten Verwandten aus Timbuktu schildern wolltest. Und füge hinzu, weshalb die Ereignisse für dich wichtig waren oder sich im nachhinein als wichtig erwiesen, welche Personen dabei wichtig waren und warum. Welche „Zufälle" sich ereigneten, welche Ereignisse sich im nachhinein als positiv herausstellten, obwohl du damals gar nicht von ihnen angetan warst. Dabei ist es gut, jedes Detail aufzuschreiben, das dir in den Sinn kommt. Es steigt nicht zufällig wieder hoch an die Oberfläche deiner Erinnerungen.

Laß dir für die Übung Zeit, schreibe einfach dann, wenn dir danach ist. Je wohler du dich dabei fühlst, desto besser.

Wenn du diese Übung dagegen ablehnst, wenn du dich *nicht* mit dir selbst beschäftigen willst (= magst), wenn dir das alles zu mühselig ist und überhaupt, dann stimmt etwas mit deinem Selbstwertgefühl nicht. Immerhin beschäftigst du dich während dieser Übung ausschließlich mit der wichtigsten, der wertvollsten Person in deinem Leben.

Oder deine Komfortzone schlägt zu und du kannst (= willst) nicht loslassen: von gewissen Fernsehsendungen, die du unbedingt sehen mußt, von deiner Arbeit, die dir sowieso kaum Zeit läßt, von den anderen Verpflichtungen ganz zu schweigen...

Gerade *dann* hält diese Übung bedeutsame Erkenntnisse für dich bereit – möglicherweise *erschütternde* Einsichten, die dein Unterbewußtsein natürlich jetzt schon kennt und vor denen es dich schützen will. Leider tut es an dieser Stelle ein wenig zu viel des Guten. Und so findest du für die Übung keine Zeit und erfindest hand*feste* Ausreden, die dich um die Übung herumbringen sollen. Auch das ist Festhalten und damit keine Lösung.

Darum laß einfach mal deine Gedanken los und laß sie auf das Papier fließen. Die Antwort ist nicht irgendwo da draußen (sorry, Mulder[30]), sondern in dir.

Denn wenn du diese Übung machst, wird dir deine Lebensaufgabe so deutlich vor Augen treten, daß du dich fragen wirst,

---

30   aus der Fernsehserie „Akte X", Special Agent Fox Mulder

wieso du überhaupt danach hattest suchen müssen. Nun, das mußtest du ja auch gar nicht. Aber du hast eine Welt erschaffen[31], in der du gedacht (= geglaubt) hast, suchen zu müssen. In Wirklichkeit ist alles schon da, war schon immer da, weil du schon von Anfang an durch deine Neigungen immer wieder Dinge tatest, Leute trafst, Orte aufsuchtest und dich mit Themen beschäftigtest, die mit deiner PERLE zusammenhängen und Teil von ihr sind.

Ein letzter Tip zu dieser Übung: Mache deinen ersten Schritt innerhalb von 72 Stunden.[32] Du bist es wert, diese Goldader in dir zu ent*decken*. Falls du es immer noch nicht glaubst, lies bitte (noch) einmal die **1. Einsicht**: *Du bist absolut einmalig*. Hebe also den *Deckel* auf und schau hinein.

---

31 siehe 3. Einsicht: *Die Welt ist das, was du von ihr denkst*
32 AWDW, 31. Regel: *Mache deinen ersten Schritt innerhalb von 72 Stunden*

Quintessenz der 5. Einsicht:

Finde heraus, wozu du eigentlich da bist

1. Hinter deiner Existenz steht eine Absicht.
2. Irgendwo in dir ist eine PERLE verborgen. Mit Hilfe der in dieser Einsicht beschriebenen Übung kannst du sie finden. Beginne mit ihr innerhalb der nächsten 72 Stunden.
3. Alles in dir strebt von Anfang an – schon bei deiner Wahl deiner Eltern – danach, deine PER•sönliche LE•bensaufgabe zu erfüllen.
4. Die Antwort ist *nicht* irgendwo da draußen, sondern in dir.
5. Je mehr du das Werkzeug und den Werkstoff magst, desto besser wird dein Gelingen. Deshalb sollte es dir für diese Übung wert sein, ein schönes Heft oder Buch zu verwenden. Und wenn du mit deinem Lieblingsstift schreibst, bringt dich das wesentlich weiter, als wenn du einen billigen Werbekugelschreiber benutzt. Wenn du dazu noch einen Lieblingsplatz hast, an dem du dich gerne aufhältst, dann nichts wie hin. Du hast sogar eine Lieblingsstunde? Gratuliere.
Erschaffe dir ein Ritual des Erschreibens.

6. Einsicht: Erfolg ist das, was erfolgt, wenn du dir selbst folgst

„Wie soll *das* denn funktionieren?" fragst du dich vielleicht. „Ich kann doch nicht gleichzeitig vorangehen *und* mir selbst folgen."

Nein, sicher nicht. Aber du kannst einem Ratschlag folgen, einem Plan, einer Vision oder Vorstellung, richtig? Es geht hier also nicht um eine Reihenfolge, sondern um das Gehen eines dir zwar noch unvertrauten Weges, zu dem du jedoch schon bestimmte Informationen mitbringst.

Diese Informationen sind deine Anlagen.

In der 1. Einsicht weise ich auf JAMES REDFIELD hin, der in seinem Buch „Die Zehnte Prophezeiung von Celestine" faszinierend darlegt, wie es sehr wohl sein könnte, daß wir mit einem Lebensplan auf diese Welt kommen.

Natürlich ist das alles Spekulation und nicht direkt beweisbar. Doch tief in deinem Inneren spürst du allezeit, ob du deinem Lebensplan folgst oder nicht. Indirekt ist es also sehr wohl erfahrbar. Und wenn du die in der 5. Einsicht empfohlene Übung machst, spürst du unweigerlich: es ist wie ein roter Faden, der sich vor dir erstreckt.

Ab und an gehst du ein Stück rechts oder links davon deines Weges, entfernst dich weiter, kehrst um, überschreitest den Faden wieder oder folgst ihm eine Zeitlang sehr aufmerksam, um dich dann wieder von ihm zu entfernen. Dabei spürst du ein zunehmendes Unwohlsein, je weiter du dich von diesem roten Faden fort bewegst, und eine Abnahme dieses Unwohlseins (und eine Zunahme deiner inneren Zufriedenheit), wenn du dich ihm wieder näherst.

Oft können wir es uns mit unserem Verstand nicht erklären, warum wir für eine bestimmte Kultur, für bestimmte Themen, Aufgaben, Personen oder Orte schwärmen. Etwas *zieht* uns aber immer wieder in diese Richtung. Die Physik nennt solche Punkte mit einer gesteigerten Anziehungskraft *Attraktoren*.

Wenn du dir selbst folgen willst, brauchst du nichts anderes zu tun, als diesen *deinen* Attraktoren nachzugeben. Dagegen anzukämpfen macht sie ohnehin nur stärker, denn wenn du kämpfst, richtest du unweigerlich deine Aufmerksamkeit auf das, was du bekämpfst. Da aber immer das wächst, worauf du deine Aufmerksamkeit richtest, zieht dich der Attraktor nur noch um so stärker an. Loslassen ist (auch hier) die Lösung.

Diese Attraktoren sind also die Wegmarkierungen auf deinem Lebensplan. Deine Anlagen sind deine Weginformationen, die dir verraten, wo die Attraktoren zu finden sein werden.

Das System ist schlichtweg genial.[33] Du kannst gar nicht fehlgehen.

Und doch ist die Welt voll von unglücklichen Menschen, die den falschen Beruf ausüben, den falschen Partner gewählt

---

33 AWDW, 15. Regel: *Alles Geniale ist einfach*. Da das Universum das Genialste ist, was existiert, ist es einleuchtend, daß auch du einen Teil dieser genialen Technologie mitbekommen hast und daß die eben *einfach* ist. Zumal du zu den Augen zählst, mit denen das Universum auf sich selbst schaut (was in sich wieder genial ist).

haben, am falschen Ort leben, unter Bedingungen, die sie ablehnen (und damit jeden Tag verstärken), anstatt sie loszulassen.[34]

Viele sind so weit abseits ihres roten Fadens gelandet, daß für sie jeder neue Tag die schiere Hölle ist. Wer hindert dich daran, eine Beziehung, die du als furchtbar erlebst, zu beenden? Wer hindert dich daran, einen Job, der dich nervt, gegen einen anderen, dir näherliegenden, zu tauschen? Wer hindert dich daran, wenn du viel lieber in Australien leben möchtest, eben genau dies zu tun? Die Umstände? Dein Partner? Dein Arbeitgeber?

Nein. Es sind *nie* die Umstände. Es sind *immer* deine Gedanken in bezug auf die Umstände.

Es sind deine Gedanken in bezug auf die eventuellen (noch nicht einmal tatsächlich stattgefundenen) Reaktionen deines Partners, die er *vielleicht* zeigt. Mach' dir bewußt: Du wählst deinen Partner jeden Tag neu. Ob du ihn (oder sie) ablehnst oder ganz toll findest – du entscheidest dich an jedem Morgen dafür, die Beziehung fortzusetzen, *wenn* du sie fortsetzt. Und immer liegt die Entscheidung ganz allein bei dir[35], wie REINHARD K. SPRENGER es absolut richtig formuliert.

Es sind deine Gedanken in bezug auf die Wahrscheinlichkeit der Verfügbarkeit eines angenehmeren Arbeitsplatzes und der Wahr-

---

34 Natürlich gilt das Gesagte in erster Linie für Menschen wie dich, die oder der du in einem freien Land lebst und freie Entscheidungen treffen kannst. Doch auch die unsagbar schlimmen Zustände in vielen Teilen der Welt existieren deswegen, weil jeden Tag viele Millionen Menschen *denken*, dies sei unabänderlich. Ein Beispiel ist für mich das Phänomen der Arbeitslosenzahlen. Achte einmal darauf, was passiert, wenn ein Politiker wieder mal verkündet, man müsse jetzt die Arbeitslosigkeit vehement *bekämpfen*. Du kannst in der Folge förmlich zusehen, wie die Quote steigt. Dasselbe gilt für den Hunger, die Hygiene, die Umweltverschmutzung

35 Reinhard K. Sprenger, „Die Entscheidung liegt bei dir", siehe Literaturverzeichnis.

scheinlichkeit, ob sie dich dort nehmen. Wer sagt denn, daß die von dir ins Auge gefaßte andere Firma nicht deinetwegen und wegen deiner absolut einmaligen Fähigkeiten eigens einen neuen Arbeitsplatz für dich einrichtet? Ich sage es, denn du gehst ja nicht hin und schlägst ihnen genau das vor. Oder doch? Auch deinen jetzigen Arbeitgeber wählst du mit jedem Gang zu ihm täglich neu. Du wählst deine Arbeitskollegen, die Arbeitsbedingungen, die Aufgaben, die Nervenzerreißproben, das schaurige Kantinenessen und die unmöglichen Arbeitszeiten mit jedem Tag neu.

Wenn du denkst, es geht nicht, geht es nicht. Wenn du statt dessen denkst, es geht, dann geht es. Es sei denn, du denkst, es geht nicht. So einfach ist das. Kurz: was du erwartest, tritt ein, es sei denn, du bist vom Gegenteil überzeugt.

Mit anderen Worten: Du selbst bist der einzige, der dich hindert – weil du festhältst. Würdest du loslassen und dich einfach in Richtung deiner Attraktoren treiben lassen, kämst du – ohne Kraftanstrengung! – genau dort an, wo du nicht nur hingehörst, sondern wo du auch im tiefsten Kern deines Wesens von Anfang an hin willst.

Sobald du den Attraktoren nachgibst, kommst du automatisch dorthin, wo Dinge geschehen, die dir Spaß machen, die dich mit innerer Freude erfüllen, die deine Augen vor Vergnügen funkeln lassen, die deinen Gang, deine Körperhaltung, deine gesamte Körpersprache verändern. Du hast plötzlich eine Ausstrahlung, die andere fasziniert. Dadurch wird man auf dich aufmerksam, was eben bedeutet, *daß du die Aufmerksamkeit anderer genießt* und diese wegen der damit verbundenen Energieübertragung *wachsen* wirst. Du kannst es gar nicht vermeiden. Deine geistigen Prozesse laufen leichter ab, dein Immunsystem arbeitet zuverlässiger, deine übrigen Kreisläufe sind nicht mehr auf Kampf oder Flucht, sondern auf Mögen eingestellt. Die Kampfhormone – pures Nervengift! – sind aus dem Körper heraus (du hast ja keinen Distreß mehr), statt dessen fluten durch deine Gefäßsysteme jetzt Wohlfühlhormone. Du fühlst dich mithin jeden Tag wohler. Deine Gesundheit kehrt zurück. Da du immer das, was du magst, auch leichter lernst oder ohnehin gut kannst, erzielst du auch noch ganz nebenbei viel leichter und schneller Erfolge als anderswo[36] – schneller als irgendwo sonst und schneller als andere.

Deine Gedanken kreisen jetzt um Dinge, die dich *interessieren*, ein Wort, das eigentlich *mittendrin sein* bedeutet. (Was uns wieder an den mittig gelegenen Magen erinnert und an das dort gefühlte Mögen, mit dem jedes Vermögen einhergeht. Übrigens: Auch Perlen[37] finden sich immer in der *Mitte* der Muschel.)

Welche deine Attraktoren sind, weißt nur du allein. Beobachte dich einfach selbst einmal aufmerksam (damit schenkst du dir selbst Energie – das tut gut), und *notiere* dir, worauf du fasziniert reagierst, was dich in seinen Bann schlägt, wovon du träumst und was du dir sehnlich wünschst.

Erwische dich dabei, wenn du denkst, *DAS* „zu haben", „zu sein", „zu erleben" wäre schön. Es gibt keinen Zufall. Also hast du solche Gedanken auch nicht zufällig. Es ist die *Absicht* in dir, die hier wirkt. Gib ihr nach.

Die meisten allerdings schütteln solche meist sehr kurzen Gedanken ab wie lästige Fliegen, verscheuchen sie und gehen zurück in ihre berufliche oder private Tretmühle.

---

36 AWDW, 21. Regel: *Das, was du am meisten magst, ist auch das, was du am besten vermagst*

37 siehe 5. Einsicht: *Finde heraus, wozu du eigentlich da bist*

Sicher sind dort Erfolge *auch* erringbar. Aber – frage dich das bitte selbst! – zu welchem Preis?

Jeder große Erfolg, jede Erfindung, jeder Durchbruch in unserem Wissen, der Technik oder auf welchem Gebiet auch immer hatte einen Menschen als Auslöser, der sich selbst folgte.

Wem folgst du?

Quintessenz der 6. Einsicht:
Erfolg ist das, was erfolgt, wenn du dir selbst folgst

1. Alles, was Anziehungskräfte auf dich ausübt, sind deine *Attraktoren*. Sie sind deine Wegmarkierungen. Deine Anlagen sind deine Weginformationen, wo die Attraktoren zu finden sind.
2. In deinem Inneren spürst du, ob du in der Nähe *deines roten Fadens* (deines Lebensplans) bist oder nicht. Je weiter du davon entfernt bist, desto unzufriedener und unglücklicher fühlst du dich.
3. Löse dich und laß dich einfach auf die Attraktoren zutreiben. Gib ihnen nach – das ist der Weg des geringsten Widerstands, weil es in deiner Natur liegt, ihnen entgegenzugehen.
4. Du wählst dein Schicksal jeden Tag neu. Du kannst es auch abwählen. Die Entscheidung liegt bei dir.
5. Wenn Streß krank macht, muß Freude heilen. Heilen heißt ganz sein, vollständig sein. Du bist nur vollständig, wenn du deine Attraktoren als zu dir gehörig ansiehst und dich mit ihnen umgibst.

7. Einsicht: Die große Frage ist zu wissen, was du willst

Die große Frage ist nicht, wie ich *bekomme*, was ich will, sondern zu **wissen**, *was* ich wirklich will.

Der Weg dorthin ist dann im Vergleich dazu ein Klacks.[38]

Viele Menschen – auch ich gehörte einst dazu – schlagen einen Berufsweg ein, ohne auch nur den Schimmer einer Ahnung davon zu haben, wohin sie eigentlich wollen oder was sie wollen. Dabei stehen eine ganze Reihe von verständlichen Motiven im Vordergrund: endlich Geld zu verdienen, endlich zu Hause auszuziehen, endlich tun und lassen zu können, was man will (aha!), endlich frei zu sein, und das mit dem *Wohin?* und dem *Was?* – na, das ergibt sich dann schon irgendwie.

Tut es leider nicht. Denn jetzt hat dich der Alltag beim Schopf gepackt und läßt dich so schnell nicht wieder los.

Du arbeitest jetzt, um Geld zu verdienen, womit du dir dann Dinge kaufst, die du brauchst, und Dinge, von denen du glaubst, daß du sie brauchst (das sind die meisten und weitaus teureren). Sehr häufig sind das Dinge, die du dir anschaffst, weil die anderen so etwas auch haben und du entweder nicht zurückstehen willst oder glaubst, nicht zurückstehen zu können. Meist ist das Geld schneller ausgegeben, als der Monat vorüber ist, und so beschließt du, noch mehr zu arbeiten, um noch mehr Geld

---

38 Er besteht aus genau zwölf Schritten und ist in zwei Tagen erlernbar (z. B. in unserem Seminar „Erfülle deinen Lebenstraum").

zu verdienen. Wir nennen das dann Karriere, ein Begriff, der aus der Reiterei kommt und so viel wie *Galopp* bedeutet. Du galoppierst jetzt also durch dein Leben, die Jahre rasen dahin (kurz unterbrochen von den Flitterwochen und der einen oder anderen Geburt des hoffnungsvollen Nachwuchses), und eines Tages holst du erschöpft Atem und fragst dich erschrocken: „Und das soll jetzt alles gewesen sein?"

Willkommen im Club.

Deine Hobbies sind längst zu kurz gekommen, wenn du überhaupt noch dazu kommst. Zu Hause stapeln sich die Bücher, die du lesen, sammeln sich die Videos/DVDs, die du sehen und die CDs, die du hören, horten sich die Vorhaben, die du tun willst – sobald du einmal Zeit dafür hast.

„Wann wird das sein?" fragst du dich ab und zu des Nachts, wenn du mal (wieder) nicht einschlafen kannst.

Wenn ich *das* erledigt, *dieses* erreicht und *jenes* hinter mich gebracht habe – dann! schwörst du dir. Ein Meineid. Denn es folgen unweigerlich ein weiteres *Das*, ein neues *Dieses* und unerwartetes *Jenes*. Und morgen kommen noch mehr.

Wann zügelst du dein immer weiter galoppierendes Streitroß? Ein Streitroß muß es schon sein, denn du *kämpfst* ja einen Kampf – einen Kampf, den du zudem nicht gewinnen kannst, denn es wird *immer* mehr Arbeit da sein, als du bewältigen kannst. Denn was du bekämpfst, machst du stärker.

Wann hörst du auf zu galoppieren? Wann fängst du an zu leben?

Die Antwort lautet: in dem Moment, in dem du beginnst, einen Sinn in dem zu sehen, was du tust. Und wenn du (noch) keinen siehst, mache dich auf die Suche. Was wir suchen, werden wir finden. Viele nehmen allerdings auf diesem Weg irgendwann die falsche Abzweigung und werden statt dessen *süchtig* – nach Arbeit, Geld, Sex, Drogen, Spielen oder sonstwas. Das Schema ist immer dasselbe: Die Sucht hat die Suche ersetzt.

Da wir uns in den letzten zweihundert Jahren eine *Leistungsgesellschaft* gebastelt haben, steht die persönliche Leistung eines jeden im Vordergrund. Der Sinn dessen, was wir tun, rangiert ganz weit hinten.[39]

Was wäre, wenn wir uns statt dessen eine *Sinngesellschaft* gebastelt hätten? Wir würden der Frage nach dem Sinn (unseres eigenen Lebens, dem der Menschheit, der Existenz an sich) einen entsprechend hohen Stellenwert einräumen (was, nebenbei bemerkt, dazu führen würde, wesentlich weniger Leistung so sinnlos zu verpulvern, wie es derzeit geschieht).

Wir würden uns (schon in der Schule) auf die Suche nach dem machen, was für uns – für jeden einzelnen Menschen – *wesen*tlich ist, was unserem *Wesen* entspricht. Und wir würden dann den Weg dahin gehen (dürfen). Am Ziel stünde die Persönliche Lebensaufgabe jedes einzelnen.

Die Frage „Was will ich?" sollte für dich deshalb den höchsten Stellenwert überhaupt haben. Hat sie es?

Was willst du haben, tun, erreichen, sein?

Ein Weg, sich dieser Frage zu nähern, besteht darin, dich einmal mit deinen *Werten* zu beschäftigen.

Was ist dir wie viel wert? Hierzu empfehle ich dir eine Übung, die ich in Anhang III näher beschreibe. Dort findest du auch eine Liste von Werten, nach denen du dich orientieren kannst.

---

39 Im Anhang II findest du ein Arbeitsblatt, mit dessen Hilfe du den Stellenwert des Begriffs „Sinn" für dich individuell bestimmen kannst.

Die Begriffe *Wort* und *Wert* haben eine gemeinsame Wurzel. Das, was du als Wert mit dir herumträgst, wird sich in deinen Worten wiederfinden (und davor in deinen Gedanken, die den Worten ja vorausgehen). Achte also auch einmal darauf, was du den lieben langen Tag so sagst, was dir wichtig ist, worauf du Wert legst. Hier findest du erste Hinweise. Diese ersetzten die Übung allerdings nicht.

Kennst du deine Werte – genauer: deine Wertehierarchie – erst einmal, dann weißt du auch, warum du dich wie und wofür entscheidest.

Bei jedem Wert frage dich aber stets, ob es auch dein *eigener* Wert ist. Du wirst überrascht sein, wie viele deiner Werte in Wahrheit die Werte deiner Eltern oder anderer Bezugspersonen sind. Das ist okay, wenn du dich dabei wohlfühlst. Das ist nicht okay, wenn du dich dabei unwohl fühlst.[40]

Ein weiterer Weg ist ein Gedankenspiel, genauer: ein Tagtraum, den du dir nicht entgehen lassen solltest.

Stell' dir während dieser mentalen Übung einmal vor, du könntest aufgrund eines magischen Amuletts, das du besitzt, fortan in deinem Leben nicht mehr scheitern.

Ganz egal, wofür du dich entscheidest, was du in deinem künftigen Leben tun möchtest, stell' dir vor, du könntest nicht mehr

---

[40] Ein Wert meines Vaters zum Beispiel war „Sicherheit". Deshalb empfahl er mir eine sichere Anstellung – aus seiner Sicht absolut richtig. Doch ein eigener hoher Wert bei mir ist „Freiheit". Wer sich anstellen läßt, steht nicht mehr allein. Er ist wie ein Brett, das man zur Sicherheit an eine Wand anstellt oder anlehnt. Je mehr Sicherheit, desto weniger Freiheit. Die Werte kollidierten also massiv. In der Folge hatte ich zwar Sicherheit, aber viel zu wenig Freiheit, als daß ich mich wohlfühlen konnte. Lange Jahre sagte ich also *ja* zu einer Sache, obwohl ich *nein* meinte. Mein Streßpegel war gewaltig, und ich war oft krank. Seitdem ich mich vor zehn Jahren endlich zu meinem Wert „Freiheit" bekannt habe und seitdem selbständig bin, was für mich *wesentlich* ist, fühle ich mich äußerst wohl und bin zugleich nicht ein einziges Mal mehr krank *gewesen*.

scheitern. Es gäbe keine Hindernisse mehr, keine Argumente, die dagegen sprächen, keine *Aus*reden (zu dick, zu dünn, zu alt, zu jung, zu unerfahren, zu klein, zu groß) mehr, die dich ins *Aus* führen könnten, da du ja nicht scheitern kannst.

Was würdest du dann tun?

Vielleicht wirst du zunächst antworten: „Gar nichts mehr! Nur noch in der Sonne liegen und faulenzen!" Einverstanden. Aber irgendwann wird auch das langweilig, richtig? Und dann? Welche Beschäftigung suchst du dir dann? Was würde dich mit so großer innerer Zufriedenheit erfüllen, daß du dafür jeden Morgen freiwillig deine Hängematte verläßt? *Was* wäre das? Was würde dir *so viel* bedeuten?

„Tja, also so gesehen, da würde ich ..."

ICH muß jetzt drei Punkte setzen, da ich ja nicht weiß, was das wäre, das du dann tust. Aber es geht ja auch nicht um mich. Es geht um dich.

Die Frage ist also: Womit füllst *du* jetzt die Punkte aus?

Füllst du sie aus?

Jetzt?

Und wenn nicht jetzt – wann dann?

Oder hast du keine Zeit und mußt galoppieren?

Quintessenz der 7. Einsicht:

Die große Frage ist zu wissen, was du willst

1. Der Weg ergibt sich. Die Frage ist nicht, wie du bekommst, was du willst, sondern zu wissen, was du willst.
2. Suchst du den Erfolg? Oder bist du süchtig – nach Erfolg (oder anderen Dingen)? Hat die Sucht die Suche ersetzt?
3. Welchen Sinn siehst du in deinem Leben? *Sinnen* hieß früher „streben, begehren", aber auch „Gang, Reise, Weg"; und noch früher (im Indogermanischen) „eine Richtung nehmen, eine Fährte suchen". Auf welchem Weg bist du? Welche Richtung ist für dich richtig?
4. Beschäftige dich mit deinen Werten (siehe Anhang III).
5. Wenn du nicht scheitern könntest – was würdest du dann tun?

8. Einsicht: Du ziehst an, was du suchst

Das holistische Erklärungsmodell unseres Universums – zum Beispiel nach DAVID BOHM – geht davon aus, daß alles mit allem unsichtbar (und derzeit noch unmeßbar) verknüpft ist. Und nicht nur das. Es geht ebenfalls davon aus, daß in jedem kleinsten Baustein die Information über das Ganze enthalten ist.[41] In der Metapher von *Indras Netz*[42] kommt beides, wie ich finde, sehr schön zum Ausdruck. Danach gleicht das Universum einem gigantischen, dreidimensionalen Netz, an dessen Knotenstellen Perlen gestickt sind. Und jede Perle spiegelt auf ihrer Oberfläche das Bild von allen anderen Perlen wider. Und der Name unseres Universums sagt es zudem überdeutlich: Alles ist eins.[43]

Nehmen wir einmal für den Moment an, dieses Erklärungsmodell stimmt (wovon ich selbst überzeugt bin). Was würde jetzt geschehen, wenn du an einem der Fäden zögest?

Nun, dasselbe wie bei einem gespannten Bett-Tuch, in dessen Mitte du eine kleine Bleikugel legst. Es bildet sich dort eine Mulde, und alle Fäden des Tuches spannen sich, weil das Gewicht der Kugel daran zieht. Vielleicht kennst du einen solchen Versuch noch aus dem Physikunterricht. Er dient vielen Lehrern

---

[41] wie auch in Hologrammplatten oder dem genetischen Kode
[42] Indra ist eine indische Gottheit
[43] AWDW, 36. Regel: *Alles ist eins*

dazu, für ihre Schüler anschaulich erfahrbar zu machen, was ALBERT EINSTEIN mit seinem „gekrümmten Raum" meinte.

In dem Moment, wo du in unserem Netzmodell an einer der Perlen noch ein zusätzliches Gewicht anbringen würdest, zöge dieses *Gewicht* an allen anderen Netzschnüren und damit auch an allen anderen Perlen. Bei deiner Perle entstünde eine Mulde. Die dort wirkende Schwer- oder Anziehungskraft hat zugenommen.

Wenn du in deinem Leben etwas suchst, ist es für dich *gewichtig* – sonst würdest du nicht danach suchen, richtig?

Du hängst also durch deine Suche ein „Gewicht" an die Perle, die dich und dein Leben verkörpert. Und sofort ziehst du an allen anderen Schnüren und Perlen und sendest so die Botschaft hinaus ins Universum – ein Vorgang, den du nicht verhindern kannst, selbst wenn du es wolltest.

Und das Universum reagiert. Es ist so beschaffen, daß es reagiert, ob wir das nun wahrhaben wollen oder nicht. Diese Reaktion entspricht in ihrer Stärke immer der Stärke deines „Gewichtes", sprich der *Wichtigkeit*, die deine Suche für dich hat.

Du ziehst also mit deiner Suche an (dem), was du suchst. Diese Zugkraft, die du so ausübst, zieht das Gesuchte unaufhaltsam in dein Leben hinein, solange es für dich (ge-)wichtig ist.

Ganz derselbe „Mechanismus" (es ist ja ein Modell, über das wir hier sprechen) wirkt, wenn du an etwas festhältst. Auch in diesem Fall machst du dieses „Etwas", an dem du festhältst, gewichtig. Und prompt bekommst du immer mehr von dem, was du möglicherweise gar nicht willst.

Wenn du etwas bekämpfst, machst du es gewichtig.

Wenn du deine Aufmerksamkeit auf etwas richtest, machst du es gewichtig.

Wenn du etwas befürchtest, machst du es gewichtig.

Wenn du allerdings losläßt, löst du das Gewicht. Das Netz federt erleichtert zurück, denn an ihm wird ja nun nicht mehr gezogen.

Faszinierender Gedanke, nicht wahr?

Noch faszinierender finde ich, daß sich in unserem Wort Gewicht (ebenso wie in Wichtigkeit) im Kern verborgen das Wort ICH befindet. Das, was für dich w•ICH•tig ist, hat logischerweise etwas mit dir zu tun, es „erhöht" sozusagen dein „mentales Gewicht" auf Erden. Und das Universum reagiert.

Dabei ist es dem Universum völlig schnuppe, *was* da genau für dich wichtig ist.[44] Die Tatsache an sich ist ausschlaggebend. Sie ist dem Universum Befehl. Und so ziehst du alles in dein Leben hinein, an das du Gewicht hängst. Die Entscheidung liegt bei dir.

Viele entscheiden sich, ohne es zu wissen (indem sie sich auf bestimmte Dinge, Ereignisse oder Personen *konzentrieren*), für Krankheiten, Armut, Unglück und Mißerfolg. Sie hängen unglaubliche Mengen an Aufmerksamkeit, also an Gewichten daran und wundern sich dann, wieso diese unangenehmen Dinge, Ereignisse und Personen immer wieder in ihr Leben treten. Natürlich würden diese Menschen *nie* zugeben, daß sie sich *dafür* entschieden haben, schließlich bekämpfen sie diese Dinge, Ereignisse und Personen ja andauernd. Nun, ab heute weißt du es besser.

---

44 siehe Bärbel Mohrs Bücher zu den „Bestellungen beim Universum" aus dem Omega-Verlag

„Ja, aber", höre ich dich sagen, „das widerspricht doch deiner sogenannten Realisierungsformel aus der 30. Regel."[45] Dort heißt es $R = E^2 A L$, wobei R für den Realisierungsgrad steht und

E für *Erwartung*,

A für *Aktion* (ist gleich Reaktion) und

L für *Loslassen*.

Das A für Aktion symbolisiert das Gesetz der Entsprechung, das schon die alten Kelten kannten. Sie sagten: Jede Tat kommt in ihrer Wirkung auf dich zurück. Aktion ist gleich Reaktion.

Die Formel bedeutet: Meine Realisierungswahrscheinlichkeit nimmt um so mehr zu, je stärker meine Erwartung ist, multipliziert mit meiner Aktion (z. B. meiner Suche) und meinem Loslassen. Oder: $R = \text{Erwartung}^2 \times \text{Aktion} \times \text{Loslassen}$.

Wenn du also etwas erwartest oder befürchtest (jede Befürchtung ist eine Erwartung mit einem Minuszeichen davor; beide sind im Grunde dieselbe Münze, wenn du so willst), hängst du ein Gewicht an unser Netz. Dadurch ziehst du die Sache, das Ereignis oder die Personen in dein Leben hinein.

„Genau", wirfst du grimmig ein, „und wenn ich loslasse, entferne ich das Gewicht wieder, das Netz schnellt zurück, wie du gerade eben noch behauptet hast, und das Gewünschte (oder Unerwünschte) bleibt fort. Und das ist ein Widerspruch! Ha!"

Zugegeben, zumindest ein scheinbarer.

Denke bitte noch einmal mit.

---

45 AWDW, 30. Regel: *Wende die Realisierungsformel an*

Wenn du etwas erwartest, hängst du ein Gewicht an deine Perle. Das Netz dehnt sich aus, an allen Schnüren und Perlen wird gezogen. Die Information geht ins Universum hinaus, es weiß jetzt, was du willst. Dein Gewicht ist von diesem Moment an nicht mehr nötig. Das Universum weiß ja Bescheid. Also wendest du deine Aufmerksamkeit anderen Dingen zu. Damit nimmst du gleichsam dein Gewicht wieder von der Perle fort, das Netz schwingt federnd zurück. Du hast losgelassen – und damit tritt der Zustand der Erleichterung ein.

Der Prozeß läuft also in vier Schritten ab:

Schritt 1: Du hängst deine Erwartung, dein Gewicht, an die Perle.

Schritt 2: Das Netz spannt sich, und das Universum weiß Bescheid.

Schritt 3: Du wendest deine Aufmerksamkeit anderen Dingen zu, weil du einfach glaubst, daß es passieren wird. Das Netz entspannt sich wieder, Spannung setzt sich somit frei. Die Energie fließt.

Schritt 4: Das, was du erwartet hattest, tritt ein. Deine Bestellung wird ausgeliefert.

Da die Welt das ist, was du von ihr denkst[46], gibt es jetzt zwei Möglichkeiten: Entweder du glaubst, das Gewicht wird immer noch gebraucht (weil das Universum viel zu dusselig ist, um gleich beim ersten Mal zu kapieren, was du willst), und deswegen läßt du es an deiner Perle hängen. Damit *beschwert* es das Netz dort, wo du bist, und das übrige Netz über die Schnüre auch. (Und alle übrigen Perlen *beschweren*

---

46 siehe 3. Einsicht: *Die Welt ist das, was ich von ihr denke*

sich darüber, denn sie wissen ja längst, wohin die Reise geht.) Oder du glaubst, dein Gewicht hat seine Schuldigkeit getan, die Botschaft ist ja raus, und du nimmst das Gewicht wieder fort und *erleichterst* damit die anderen Perlen.

Die Menschen, die ich vorhin nannte, die sich auf bestimmte Dinge, Ereignisse oder Personen konzentrieren (Schritt 1 und 2), sind von ihrer Krankheit, ihrer Armut, ihrem Unglück und ihrem Mißerfolg so sehr überzeugt, daß es für sie wahr ist, ohne jeden Zweifel, egal ob es stimmt oder nicht. Sie glauben daran. Sie müssen es jetzt nicht einmal mehr erwarten. Und das, genau das ist der Moment, an dem sie das Gewicht wieder fortnehmen. Und schwupps ... das Netz federt zurück, die Energie fließt, und die Krankheit, die Armut, das Unglück oder der Mißerfolg manifestiert sich (Schritt 4).

Was glaubst du, unter welchen Voraussetzungen geht die Sache einfacher und schneller: wenn alle beteiligten Bausteine sich beschweren oder wenn alle erleichtert sind?

Was für eine Frage.

Deshalb ist deine Suche so wichtig – sie ist das *Gewicht*. Deshalb ist dein Vertrauen darauf, daß der Rest von allein geschieht, ebenso wichtig – dein Loslassen ist die *Erleichterung* des Netzes. Und wiederum schwupps ...

Jeder Zweifel deinerseits bedeutet, in deiner Vorstellung sind zwei Fälle vorhanden: das Eintreten und das Nicht-Eintreten.

Das Gewicht dort liegenzulassen bedeutet, das Netz zu blockieren. Es wieder fortzunehmen – loszulassen – bedeutet, die *Federwirkung* des Netzes zu nutzen. Jetzt wird Spannung – Energie – freigesetzt. Genau die Energie, deren es bedarf, um das von dir Gewünschte oder Gesuchte zu dir heranzuziehen.

Und – beinahe nebenbei – woran du auch glaubst: für das Gehirn ist es stets eine Tatsache. Dem Gehirn ist es völlig egal, ob es stimmt oder nicht, solange du nur daran glaubst. Nach deinem Glauben wird dir geschehen.

Das Gehirn und das Universum sind sich in diesem Punkt verblüffend ähnlich. Was natürlich kein Wunder ist.

Alles ist schließlich eins.[47]

---

[47] Der tibetische *Llama Anagarita Gowinda* hat einmal gesagt: „Der Buddhist glaubt *nicht* an ein unabhängiges oder getrennt existierendes Äußeres, in dessen dynamische Kräfte er sich hinein projizieren könnte. Die äußere Welt und seine innere Welt sind für ihn zwei Seiten desselben Gewebes, in dem die Fäden aller Kräfte und aller Ereignisse, aller Formen des Bewußtseins und ihrer Objekte zu einem unauflöslichen Netz von endlosen, sich gegenseitig beeinflussenden Zusammenhängen verwoben sind."

Quintessenz der 8. Einsicht:
Du ziehst an, was du suchst

1. Das Universum gleicht *Indras Netz*, in dem alles mit allem verbunden ist. Was dir wichtig ist, wirkt wie ein Gewicht in diesem Netz. Jede Suche ist dir wichtig, sonst würdest du nicht suchen.
2. Jede Form von Aufmerksamkeit, die du auf etwas richtest, ist einer Erhöhung deiner *Anziehungskraft* auf dieses Etwas gleichzusetzen. Deshalb gilt auch der Satz: „Wenn du geliebt werden willst, so liebe."
3. Die Energie, mit der das Universum auf deine Erwartungen reagiert, entspricht der Federwirkung, wenn du das Gewicht wieder losläßt.
4. Erwarten ohne loszulassen ist wie eine Kugel, die in einer Netzmulde liegt und sich nicht mehr bewegt.
5. Woran du auch glaubst – dem Gehirn und dem Universum ist es stets eine Tatsache. Beide werden sich nach dieser Tatsache verhalten.

9. Einsicht: Du nimmst an, was du annimmst

Wenn dir der Postbote ein Paket zustellt, kannst du es annehmen oder ablehnen. Wenn du es annimmst, ist es dein. Du machst es dir zu eigen. Du hast es dir genommen.

Nehmen ist ein aktives *Hand*eln. Du streckst beide Hände aus, um etwas zu nehmen. Um jemanden willkommenzuheißen – ihn als Gast aufzunehmen –, machst du eine sehr ähnliche Geste, indem du beide Arme ausbreitest und die offenen Hände zeigst (in die dir dann oft ein Gastgeschenk gelegt wird, das du wieder annimmst).

Dasselbe gilt auch für deine mentalen Annahmen. Wenn du annimmst, etwas sei so und nicht anders *beschaffen*, dann redest du in deinen Gedanken zugleich über ein anderes *Beschaffen*: darüber, dieses Etwas zu er*halten*, sprich: zu dir zu holen, auf daß du es dann real mit deinen Händen annehmen kannst.

Geistiges Annehmen ist also geistiges Beschaffen, das in ein reales Erhalten und Annehmen mündet. Das Universum hat folgerichtig reagiert, wenn du dieses Etwas dann in Händen hältst.

Wie oft aber neigen wir dazu, negative Dinge anzunehmen? Die wir dann auch prompt bekommen. Ganz Pessimistische sind sogar noch stolz darauf und verkünden: „Ich hab' doch vorher gewußt, daß das schief geht! Ich hab's doch kommen sehen!"

Wie sollte es auch anders sein?

Schon das Wort n•EIGEN verrät uns, daß wir uns da etwas zu *eigen* machen wollen. Dem Universum ist es egal, was du mental annimmst. Es reagiert in jedem Fall. So ist es gebaut, es kann gar nicht anders.

Die Welt ist das, was du von ihr denkst. Wie viele deiner rund 55.000 täglichen Gedanken[48] sind Annahmen, und wie viele davon sind eher negativ?

Wenn du noch ungeübt bist in der Kontrolle deiner Gedanken und du die Frage deswegen nur ungenau beantworten kannst, schau dir einfach dein Leben an, so wie es ist. Die Welt spiegelt im Außen immer, was in deinem Inneren ist.

Wo und wie wohnst du? Mit welchen Menschen umgibst du dich? Mit welchen Problemen beschäftigst du dich beruflich und privat? Wie sieht deine finanzielle Situation aus? Wie ist deine Gesundheit *beschaffen*?

Was du da siehst, wenn du dir dein Leben betrachtest, so wie es jetzt ist, ist die Summe all deiner Annahmen.

Ob dir das, was du siehst, gefällt oder nicht, spielt zunächst keine Rolle. Wichtig ist: Du hast all dieses angenommen, heute, gestern oder vor Jahren. Ein Zitat von BHUDDA lautet: „Du bist das, was du gestern gedacht hast." VERA F. BIRKENBIHL hat auf den weiterführenden Gedanken hingewiesen: „Wir werden morgen das sein, was wir ab heute denken."[49]

Wie sehen deine Annahmen für den heutigen Tag aus? Wird es ein erfolgreicher Tag werden? Ein schwerer Tag? Ein schöner Tag?

Was nimmst du an?

---

48 Die Zahl schwankt, manche sprechen sogar von rund 90.000 Gedanken täglich.

49 in einem Interview des Bayerischen Rundfunks in der Sendereihe ALPHA – Sichtweisen für das dritte Jahrtausend, in der Folge „Erfolg"

Wird es dir gelingen, was du dir *vorgenommen* (also vorweggenommen[50]) hast?

Es ist das Prinzip der „sich selbst erfüllenden Prophezeiung". Der Ausdruck ist verwirrend, weil es ja nicht die Prophezeiung ist, die sich selbst erfüllt, sondern wir *selbst* es mit unserer Annahme sind, die die Prophezeiung erfüllen.

Viele Dinge nimmst du auch an, weil du annimmst, man(!) macht das so.

Was klingelt morgens bei dir? Dein Wecker? Oder längst dein Radio mit *Alarm*funktion[51]? Es weckt dich mit dem täglichen Musikeinheitsbrei. Mit sehr viel Werbung und jeder Menge ausschließlich negativer Nachrichten.

Du nimmst an, das sei gut und richtig so, schließlich ist es angenehmer, mit Musik geweckt zu werden als durch schrilles Klingeln. (Dabei vergißt du völlig, daß du weder den Wecker noch das Radio brauchst, um zu deiner Wunschzeit wach zu werden. Da du aber deiner inneren Uhr nicht vertraust und annimmst, du würdest ohne technischen Beistand hoffnungslos verschlafen, programmierst du lieber sicherheitshalber deinen Radiowecker.)

Wenn du dann nicht sofort aus dem Bett springst und das Ding wieder ausschaltest, hast du kaum eine Chance, den halb-, neuerdings sogar viertelstündlichen Werbe- und Nachrichten-

---

50 Ich hege den Verdacht, daß Abnehmen deswegen so vielen so schwerfällt, weil sie immer über ein Ab•NEHMEN, also immer über ein *Nehmen* nachdenken. Ob ich zunehme oder abnehme, es bleibt ein Nehmen. Vielleicht wäre Ab•GEBEN der *geeignetere* Begriff. Geben ist seliger denn Nehmen, hieß das nicht irgendwo so?

51 Technische Entwickler scheinen derzeit anzunehmen, du seist permanent im Krieg oder zumindest auf der Flucht, deswegen heißt es konsequent *Alarm*.

blöcken zu entgehen, ganz egal, zu welcher Minute du dich wecken läßt.

Doch auch hier nimmst du an, das sei gut und richtig so, denn schließlich muß man(!) informiert sein, nicht wahr?

Du übersiehst dabei nur, daß sich dein Gehirn von seiner Funktionsweise her die ersten zwanzig Minuten nach deinem Erwachen im *Alphazustand*[52] befindet. In diesem Zustand ist es um ein Vielfaches aufnahmefähiger als im Wachzustand, etwa 300 mal so viel. Dieser Effekt wird zum Beispiel bei der Hypnose, dem *Superlearning*© und dem *Photo-Reading*© (nach PAUL SCHEELE) ausgenutzt.

Im Alphazustand ist dein Gehirn also aufnahmefähig wie ein Schwamm. Es ist der ideale Lernzustand und der ideale Zustand, um dich durch mentales Training von unerwünschten Verhaltensweisen zu lösen und erwünschte Verhaltensweisen zu programmieren.

In diesem sensiblen Zustand, in dem dein Gehirn wirklich voll auf Merken, Lernen und Behalten geschaltet ist, in diesen etwa zwanzig Minuten nach dem Aufwachen hörst du dir täglich das neueste Unglück, das neueste Attentat und andere Greueltaten an. Und wenn das nicht, dann doch wenigstens die Werbebot-

---

[52] *Alpha* (Entspannungszustand) bezeichnet einen bestimmten Frequenzbereich, in dem sich dein Gehirn befinden kann. Andere Zustände lauten *Beta* (Wachzustand), *Delta* (meditativer Zustand) und *Theta* (Tiefschlaf). Jede Entspannungstechnik wie z. B. das Autogene Training, aber auch entspanntes Musikhören oder Dösen versetzt dich in den Alphazustand. Entspannungs-CDs oder -kassetten nutzen diesen Effekt, indem dort Musik mit einem bestimmten Rhythmus verwendet wird. Nach dem Resonanzprinzip regt dies dein Gehirn an, in diesem Alpha-Rhythmus mitzuschwingen. Jeder Mensch, der schlafen kann (und keine Störung der Schlaffähigkeit aufweist), vermag in diesen Alphazustand auch bewußt einzutreten. Mentales Training wie das von mir entwickelte mindFrame© Mentaltraining ist gezieltes Aufhalten im Alphazustand

schaften, die jetzt auf besonders fruchtbaren Boden bei dir fallen (was du leicht in deinen Schränken und deiner Garage nachprüfen kannst: Schau mal nach, was du gekauft hast!). Und wenn das nicht, dann hörst du wenigstens die neuesten Fließband-Songs, die du in Kürze „spontan" wiedererkennen, gutfinden und kaufen wirst. Sicher ist dir das auch schon passiert: Du hörst morgens dieses eine Lied und bekommst es einfach nicht mehr aus den Ohren. Du summst es bis weit in den Vormittag hinein vor dich hin. Warum? Weil dein Gehirn sich in diesem Zustand *alles* spielend leicht merkt.

Du nimmst an, das sei gut und richtig so. Und nimmst dabei so vieles an Informationsmüll mit (an), daß es kein Wunder ist, wenn mehr als die Hälfte aller Deutschen (nach einer Umfrage von 1996[53]) glaubt, ihre Zukunft würde schlechter sein als ihre Gegenwart.

Was kannst du tun, um dieser Falle zu entgehen?

Auch hier hilft das TU WAS DU WILLST-Prinzip weiter. Wer zwingt dich denn, dir schon am frühen Morgen den Müll dieser Welt ins Ohr kippen zu lassen?

Oder abends, wenn du hundemüde bist (und dich damit schon wieder im Alphazustand befindest) – wer zwingt dich denn, dir noch mit den Spätnachrichten (oder dem leichenlastigen Actionreißer) den Stoff ins Gehirn spülen zu lassen, aus dem die unangenehmen Träume sind?

---

53 ebenfalls in dem zitierten Video „Erfolg" des Bayerischen Rundfunks erwähnt
54 In Amerika erschien eine Zahl, nach der ein heranwachsendes Kind bis zum Eintritt ins Schulalter durchschnittlich ca. 10.000 (in Worten: *zehntausend*) Morde im Fernsehen gesehen hat. Wohlgemerkt: in einem Entwicklungszustand, in dem es oft nicht einmal begreifen kann, daß diese kleinen Männchen dort nicht wirklich in dem Kasten mit dem Fenster davor leben und sich nicht wirklich töten.

Lerne deinen inneren Wecker zu programmieren. Das ist nicht nur stromsparender, sondern verschafft dir schon mit dem pünktlichen Von-selbst-Aufwachen ein erstes Erfolgserlebnis. Oder kaufe dir wenigstens eine Nachttischlampe, die wie die Sonne allmählich heller und heller wird (manche produzieren dabei auch noch zusätzlich angenehme Vogelstimmen oder Meeresrauschen). Der Tag beginnt auf diese Weise wunderschön friedlich und ohne Müll aus dem Lautsprecher. Nebenbei bemerkt: Ist dir mal aufgefallen, daß für solche Lampen im Radio keine Werbung gemacht wird? Hm ...

Du nimmst an, was du annimmst, und nimmst an, was du an dich (und in dich auf-) nimmst.

Da du morgen das sein wirst, was du heute denkst, ist es sicher für dich von Vorteil, über den Inhalt der Informationspakete, die du täglich von deinen Zeitungs-, TV- und Radio- und sonstigen Boten annimmst (ob bewußt oder unbewußt im Alphazustand), einmal gründlich nachzudenken.

Jede *Meinung* von dir ist übrigens eine enge Verwandte deiner Annahmen: nämlich etwas, das du angenommen und zu dem du später „das ist *mein*" gesagt hast.

A propos, was meinst du – wird das TU WAS DU WILLST-Prinzip bei dir funktionieren?

Quintessenz der 9. Einsicht:
Du nimmst an, was du annimmst

1. Wenn du etwas annimmst, nimmst du vorweg, was kommen wird.
2. Annehmen ist das Entgegenehmen von Dingen, Botschaften und Gefühlen. Durch das Annehmen machst du sie dir zu *eigen*. Wir n*eigen* dazu, sie zu unseren *Mein*ungen zu erklären.
3. „Nimm an, was *du* willst", rät dir das TU WAS DU WILLST-Prinzip. Sonst nimmst du Dinge, Botschafen und Gefühle entgegen, die du gar nicht wolltest und die wie Viren des Geistes dein Denken infizieren.
4. Im Alphazustand nimmt dein Gehirn besonders leicht an, sowohl Botschaften von außen als auch von innen. Deshalb kannst du dich im Alphazustand auf jede gewünschte Situation programmieren. Das ist der Kern jedes mentalen Trainings.
5. Wenn du etwas annehmen kannst (in beiden Bedeutungen des Wortes), dann kannst du es auch wieder abgeben, ganz gleich, ob es sich um Dinge, angesammelte Pfunde, unerwünschte Botschaften oder Meinungen von anderen handelt (die wir *eigen*tlich konsequenterweise *Dein*ungen nennen müßten).

10. Einsicht: Handle zum Wohle aller

In der „Unendlichen Geschichte" von MICHAEL ENDE bekommt der Held Bastian das Amulett AURYN: das Zeichen absoluter Macht in Phantásien. Wenn du dieses wundervolle Märchen gelesen hast[55], dann kennst du auch die Inschrift auf der Rückseite. Sie lautet: „Tu was du willst".

Bastian versteht diese Worte als Erlaubnis, ja als Aufforderung, zu tun, wozu er Lust hat – ohne Rücksicht auf andere. Schließlich hat er die absolute Macht. Weshalb sollte er da Rücksicht nehmen? Und so nimmt das Verhängnis seinen Lauf. Er wünscht sich, wonach ihm gerade ist, ohne die Folgen seines Handelns zu bedenken. Er tut zwar, was er will, doch nicht zum Wohle aller.

Bastian versteht nicht, was die vier Worte meinen: Verwirkliche dich selbst, dringe bis zum Kern deines Wesens vor, lege ihn frei und erfülle ihn mit Freude.

Bastian geht der großen Entscheidung, der niemand entgehen kann, zunächst aus dem Weg. Sie lautet, von JOSEF KIRSCHNER treffend formuliert:

„Lebe ich das Leben, wie es den Forderungen anderer entspricht?

Oder lebe ich das Leben, wie es mir selbst entspricht?"[56]

---

[55] Vergiß die Filme, sie behandeln das eigentliche Thema des Buches überhaupt nicht; leider!

[56] Josef Kirschner, „Die Egoistenbibel", siehe Literaturverzeichnis

Der Preis, den Bastian für sein falsches Verständnis bezahlen muß, ist fürchterlich. Für jeden kleinsten Wunsch, den er immer prompt erfüllt bekommt – Phantásien regiert auf seine Gedanken wie unser Universum auch –, verliert er eine Erinnerung. Am Ende sind seine Erinnerungen fast aufgebraucht. Er ist nahe dran, sich selbst (wo er herkommt, was ihn ausmacht, was für ihn wichtig ist) zu vergessen.

Wenn *du* die Entscheidung triffst, ein Leben zu leben, wie es den Forderungen anderer entspricht, dann besteht dieselbe Gefahr auch für dich – zu vergessen, weswegen du *eigen*tlich hier bist.[57] Erinnerungen sind das, was *innen* ist.

Wenn du die Entscheidung triffst, ein Leben zu leben, wie es dir selbst entspricht, brauchst du Bastians Umweg nicht zu gehen. Denn dann machst du dich auf die einzig wichtige Suche – eben herauszufinden, weswegen du eigentlich hier bist.

Zum Wohle aller meint also nicht, zum Erfüllungsgehilfen der Forderungen anderer zu werden. Es meint: Wenn du deinen Wesenskern entdeckst, entfaltest und entwickelst, deine Lebensblume zum Blühen bringst, dann ist es die Krönung des Ganzen, wenn sich andere mit dir zusammen am Anblick deiner Lebensblume erfreuen können. Geteilte Freude ist bekanntlich doppelte Freude.

Eine zweite Falle für Bastian sind seine *Gegner*.

Wenn du tust, was du willst, willst du frei sein. Damit verhältst du dich anders als die vielen anderen, die mit dem Strom schwimmen. Du entsprichst nicht mehr der Norm (= der Mehrheit oder schlicht dem Durchschnitt). Du rückst dich aus der Masse der Normalen heraus. Du bist nicht mehr normal. Wer nicht normal

---

57 siehe 5. Einsicht: *Finde heraus, wozu du eigentlich da bist*

ist, ist verrückt – aus der Masse herausgerückt. Ver-Rückte muß man bekämpfen, sie sind ja gefährlich. Folglich bekommst du Gegner. Und die greifen dich an.

Die Falle besteht nun darin zu kämpfen. Wenn du Gegner bekämpfst, machst du sie stärker. Das kostet dich Energie. Dadurch fühlst du dich schlechter, matter, verletzlicher. Du fühlst dich angreifbarer als vor dem Kämpfen. So beginnt der Wettlauf des gegenseitigen Aufrüstens. Am Ende haben alle verloren.

Zu kämpfen heißt, dem oder den anderen zu schaden. Das ist aber ein absoluter Widerspruch zur Forderung des TU WAS DU WILLST-Prinzips: *Handle zum Wohle aller*.

Wenn du kämpfst und andere irgendwann dabei besiegst, erniedrigst du die anderen dadurch zwangsläufig.

Wenn du jemanden erniedrigen mußt, um dich zu erhöhen, bist du von genau demjenigen abhängig. Wenn du abhängig bist, bist du das Gegenteil von dem, was du sein willst – frei.

Du siehst, TU WAS DU WILLST als Prinzip kann **nur** zum Wohle aller funktionieren. Sobald auch nur einer zu Schaden kommt, ist dies dasselbe, als hättest du ihn bekämpft.

Jeder Kampf ist eine Aggression. Die Ähnlichkeit der Worte *Aggregat* (Energieerzeuger) und *Aggression* verraten ihre enge Verwandtschaft. Ich kann es gar nicht genug betonen:

Bei jedem Kampf
– im Großen wie im Kleinen –
geht es im Kern
nur um den Kampf um Energie.
(Das ist die Quelle aller Probleme auf diesem Planeten.)

Der Sieger erhält immer einen großen Teil der Energie des Verlierers. Erinnere dich, wie du dich *fühltest*, als du deinen letzten Kampf verloren hast.

Du fühltest dich *matt* (so daß man dich am besten auf eine *Matte* gelegt hätte).

Du fühltest dich ausge*laugt* (was bedeutet, die *Lauge* – der salzige Anteil deines Körpers – war zur Neige gegangen, was wiederum bedeutet, der pH-Wert deines Körpers hatte sich in Richtung *Säure* verschoben, weswegen du *sauer* wurdest[58]).

Du fühltest dich wie *erschlagen* (wie überaus passend).

Die Sieger fühlen sich dagegen immer großartig – für den Moment. Was logisch ist, denn sie baden ja förmlich in der gerade gewonnenen Energie.

Doch irgendwann ist auch der größte Vorrat an Energie verbraucht. Ein weiteres Opfer muß her, das sie besiegen können. Dazu müssen sie ihre Aufmerksamkeit wieder auf ein Opfer richten. Das bedeutet, daß sie einen Teil ihrer Energie an das Opfer abgeben, ehe sie es besiegen. (Kurios: Manche Menschen haben sich an dieses Verhalten angepaßt. Sie sind ein Leben lang gern Opfer, weil sie so wenigstens immer wieder mal in der Aufmerksamkeit der Sieger stehen und damit kurzfristig wenigstens einen Teil von deren Energie erhalten.) Doch die Aufmerksamkeit, mit der die Opfer ihre Sieger bedenken, ist stets um ein Vielfaches größer als umgekehrt, und so wird jeder Sieg zum Raub an Energie. (Nebenbei bemerkt: Der Beifall des Publikums ist ebenfalls Aufmerksamkeit und trägt ein übriges zum Wohlfühleffekt der Sieger bei.)

---

58 Hierzu empfehle ich dir das Buch „Jungbrunnen Entsäuerung" von Kurt Tepperwein, siehe Literaturverzeichnis. Es zeigt die vielen Symptome auf, die alle durch Übersäuerung des Körpers entstehen.

Jeder Kampf ist eine Aggression. Und es geht immer nur um den *zwangsweisen*, wechselseitigen Abgewinn von wertvoller Lebensenergie. Du brauchst nur lange genug (gegen Menschen, Ideen, Meinungen, die Zeit) zu kämpfen, und du bist restlos ausgebrannt.

Die Kunst besteht also darin zu tun, was du willst, **ohne** zu kämpfen. Handle deshalb immer zum Wohle aller (einschließlich dir selbst).

Wenn du tust, was du willst, und dabei zum Wohle aller handelst, merken das die anderen früher oder später. Und es wäre gegen ihre eigenen Interessen, dich nicht zu unterstützen. Je größer das Wohl ist, das du durch deine absolute Einmaligkeit erschaffst, desto mehr werden dich alle unterstützen. Denn sie haben ja mehr davon. Und um so leichter kannst du weiterhin tun, was du willst.

Verrückt, das Ganze? Na und wie!

Quintessenz der 10. Einsicht:
Handle zum Wohle aller

1. Lebst du ein Leben, wie es den Forderungen anderer entspricht? Oder lebst du ein Leben, wie es dir selbst entspricht?
2. Bei jedem Kampf – im Großen wie im Kleinen – geht es im Kern nur um den Kampf um Energie.
3. Wenn du jemanden erniedrigen mußt, um dich zu erhöhen, bist du nicht frei.
4. Wenn du sauer bist, ist stets auch dein Körper übersäuert (die Ursache vieler Krankheiten). Da du ursprünglich aus dem Meer stammst – und deswegen heutzutage an Land auch einen *salzigen* Miniozean in deinen Zellen mit dir herumträgst –, ist jede Verschiebung deines pH-Wertes in Richtung *Säure* gesundheitsschädlich bis lebensbedrohlich.
5. Handle zum Wohle aller einschließlich dir selbst. Dann haben alle (einschließlich dir selbst) ein Interesse daran, dich zu unterstützen.

11. Einsicht: Gehe rückwärts aus dem Nebel

Den *Nebel* gebrauchen wir als Bild häufig, um uns unsere Orientierungslosigkeit vor Augen zu führen. *Völlig im Nebel stehen* oder *herumtappen* meint, nicht zu wissen, was zu tun ist. Im Nebel lauert Gefahr. Diese uralte Erkenntnis steigt sofort in uns auf, sobald wir einen realen Nebel oder einen im übertragenen Sinn gemeinten Nebel erblicken. Nicht ohne Grund ist der Nebel ein beliebtes Requisit in der Filmindustrie, wenn es darum geht, eine bedrohliche Stimmung zu erzeugen.

VERA F. BIRKENBIHL hat den *psychologischen Nebel* bekannt gemacht, der uns immer umwallt und genauso dicht ist wie der wirkliche Nebel, wenn wir nicht mehr klar denken können (etwa unter dem Einfluß von Streß[59]).

Wenn du nicht (mehr) weißt, wo es lang geht, stehst du in deinem ganz persönlichen Nebelfeld. Interessanterweise nennen wir ausgedehnten Nebel so: ein Nebel*feld*. Ein Feld ist immer etwas, wo Energien fließen. Sei es im elektromagnetischen Feld oder auch in unserem Getreidefeld. Ohne Energien würde dort nichts wachsen.

Doch sei es nun realer oder sprichwörtlicher Nebel: Was gedeiht bitteschön in einem Nebelfeld?

Dort gedeiht unsere Angst. *Gedeihen* geht auf ein uraltes Wort namens *tenk* zurück, das so viel wie „zusammenziehen, dicht, fest werden" bedeutet. Unser *tendieren* stammt ebenfalls daher.

---

[59] siehe 12. Einsicht: *In der Ruhe liegt die Kraft*

Im Nebel tendieren also unsere Ängste dazu, dicht und fest zu werden, sie verändern sich, beginnen Gestalt anzunehmen.

Und je dichter der Nebel wird, der uns um*wall*t, desto mehr wirkt er auch wie ein Wall, was wiederum eine Barriere darstellt, die uns ein*eng*t. Womit wir zurück bei der Angst sind, denn Angst bedeutet nichts anderes als „Enge" oder „Klemme".

Was ziemlich gut paßt, schnürt es dir doch vor Angst die Kehle zu. Du bekommst kaum noch Luft. Deswegen mußt du schneller und häufiger atmen, wodurch sich dein Herzschlag beschleunigt und die Frequenz deiner Hirnwellen zunimmt.

Das wiederum führt dazu, daß du dich anspannst. Die Spannung, also die Energieaufnahme steigt – mental und elektrisch. Deine Muskeln zapfen jetzt so viel Energie aus deinem Gesamtsystem ab, daß du förmlich zitterst – manche sagen auch: schlotterst – vor Angst. Du klapperst mit den Zähnen. Die Anspannung kann so weit gehen, daß du förmlich erstarrst vor Schrecken. In deinem Gehirn herrscht Hochspannung. Die Wellenfrequenz ist enorm (e•norm bedeutet „außerhalb der Norm"), und für einen klaren Gedanken ist die Frequenz schlichtweg zu hoch.

Was du jetzt dringend brauchen würdest, um wieder aus dem (realen oder sprichwörtlichen oder psychologischen) Nebel herauszufinden, wären *Überlegung*, *Ruhe* und *Tatkraft*. Genau diese drei Ressourcen fehlen dir aber um so mehr, je dichter dein Nebel wird. Mit Überlegung (klaren Gedanken) ist nicht zu rechnen. Die Tatkraft steckt in den vibrierenden Muskeln. Und deine Unruhe könnte derzeit nicht größer sein.

Der Ablauf ist immer gleich. Wenn du in deinem Leben die Orientierung verlierst, steckst du mitten in (d)einem Nebel. Dort gedeiht die Angst. Je mehr Nebel, desto mehr Enge und Beklemmung empfindest du. Die Abstufungen sind fließend: Von leichter Unsicherheit über die nackte Panikattacke bis hin zum Herzinfarkt reicht die Skala. Die drei größten Ängste sind:[60]

Die Angst vor dem Unvorhersehbaren.

Die Angst, etwas zu verlieren, woran du dich gewöhnt hast (oder andere dich gewöhnt haben).

Die Angst, etwas falsch zu machen und bestraft zu werden.

Alle drei Angstformen können einzeln oder zusammen in deinem Nebel auf dich lauern. Tun sie es auch? Nicht unbedingt. Denn die Welt ist das, was du von ihr denkst. Wenn du denkst, daß die drei Angstformen dir auflauern werden, dann erschaffst du eine Welt, *in der* sie es tun.[61] Um Angst zu haben, mußt du zunächst denken: „Ich habe Angst." Deine Enge ist also immer nur die Folge deiner vorausgegangenen Gedanken.

(Hüte dich aber zu denken: „Ich habe keine Angst." Dein Unterbewußtsein kann Verneinungen nicht verstehen und hört nur weiter den Satz „Ich habe ... Angst." Denke in positiven Begriffen wie: „Ich bin mutig" oder „Ich bin fähig".)

Der Nebel hört auf, sobald du wieder klar siehst.

Ziel kann jetzt doch nur sein, daß du deine Orientierung zurückerhältst, daß du wieder weißt, wo du bist, wer du bist und wohin du willst, kurz: was du willst. Und dieses *Was* gilt es zu tun.

Pfadfinder lernen sehr früh den Satz: „Wenn du dich verirrt hast, gehe bis zu dem Punkt zurück, an dem du noch wußtest, wo du dich befandest." Wenn es um deinen Lebenspfad geht, gilt das gleiche: Gehe bis zu dem Punkt zurück, an dem du begannst, deine Orientierung zu verlieren. Und von da an orientiere dich neu.

Verstehe das bitte immer auch im übertragenen Sinn. Wo *stan-*

---

60   nach Josef Kirschner, „Die Egoistenbibel"
61   siehe 3. Einsicht: *Die Welt ist das, was ich von ihr denke*

dest du mit deiner Atmung, bevor dein psychologischer Nebel aufstieg? Du hast ruhig, langsam und gleichmäßig geatmet.

Gehe rückwärts aus dem Nebel meint: Gehe dahin zurück, wo du vorher standest. Kehre zu deinem ruhigen, langsamen und gleichmäßigen Atem zurück. Du kannst deinen Atem bewußt kontrollieren – und damit auch deinen Herzschlag und dein wild tobendes Gehirn.

Wenn du deine Atemfrequenz verlangsamst, verlangsamst du auch deine Herzfrequenz. Dein Herz schlägt automatisch langsamer, wenn du deinen Atem beruhigst. Schlägt erst dein Herz ruhiger, verlangsamt sich auch deine Hirnfrequenz. Die Hertzzahl, in der dein Gehirn schwingt, sinkt zusehends. Und wenn deine Hirnwellenfrequenz abnimmt, entspannst du auch körperlich unwillkürlich. Die Spannung aus deinen Muskeln steht dir wieder für klarere Gedanken zur Verfügung.

Es ist kein Zufall, daß unser Wort *Atem* so viel wie „Hauch, Seele" bedeutet.

Übrigens: Von dem Moment an, wo du deine PERsönliche LEbensaufgabe erkennst und annimmst, macht dir selbst gelegentlicher Nebel nur noch wenig aus. Denn du hast von diesem Moment an ein Ziel, ein Lebensziel, das wie ein Fixstern am Himmel steht, weit, weit oberhalb des Nebels und immer gut sichtbar. Und so, wie sich früher Reisende an den Sternen orientiert haben, kannst du deinen Weg immer wieder leicht finden, wenn du deine Augen nur nach oben hebst und schaust, wo dein Fixstern steht.[62] Er wird wie eine riesige PERLE leuchten ...

---

62 Die Idee des Fixstern-Ziels ist eine Metapher von Vera F. Birkenbihl. Fixsterne bewegen sich nicht, weswegen man sich an ihnen ja orientieren kann. Fixstern-Ziele sind große Lebensziele, die die Richtung angeben, in die ich will. Die von mir so oft beschworene *Lebensaufgabe* ist das Paradebeispiel eines solchen Fixsterns am Himmel deiner Gedanken.

Wenn du sprichwörtlich rückwärts aus dem Nebel gehst, lies einmal beim Rückwärtsgehen gewisse Worte von hinten nach vorn (das funktioniert in der deutschen Sprache besonders gut).

Der größte *Nutzen*, der dir in einer Angstsituation zur Verfügung steht, ist der Gebrauch deines Atems. Du nutzt ihn aber nur, sofern du es tust, sofern du also deine Atmung verlangsamst.

Wenn du NUT·ZE einmal rückwärts liest, so wird daraus ES·TUN (das Z wird spiegelbildlich zum S).

Wenn du tust, was du willst, lebst du die Art, die dir *eigen*tümlich ist. Lebst du gegen deinen Strich, wird aus *eigen* ein dich selbst *negie*·ren.

Doch wenn du rückwärts aus dem Nebel gehst, dann wird rückwärts gelesen aus NEBEL wieder das, was es vorher war:

LEBEN.

Und da genau wollen wir ja hin.

Quintessenz der 11. Einsicht:
Gehe rückwärts aus dem Nebel

1. Echter wie sprichwörtlicher (psychologischer) Nebel nimmt dir die *Sich*t. Und damit die *Sich*erheit.
2. Innerhalb eines Nebelfeldes gedeihen Ängste. Die drei größten Ängste sind: Die Angst vor dem Unvorhersehbaren, die Angst, etwas zu verlieren, an das du dich gewöhnt hast (oder andere dich gewöhnt haben), und die Angst, etwas falsch zu machen und bestraft zu werden.
3. Sobald du nicht mehr „blickst", was zu tun ist, stehst du im Nebel. Der Nebel verschwindet, sobald du wieder klar siehst.
4. Gehe rückwärts aus dem Nebel meint: Kehre dorthin zurück, wo du dich befandest, ehe der Nebel kam. Das gilt besonders für deine Seele. Unser Wort Atem heißt „Hauch, Seele". Kehre also mit deinem Atem dorthin zurück, wo du dich befandest, ehe der Nebel kam. Kehre zu ruhigem, langsamem und gleichmäßigem Atem zurück.
5. Lies ab und zu mal rückwärts. Nut•ze wird so zu „Es•tun", und Nebel wird so zu Leben. Den größten *Nutzen* hast du, wenn du dein *Leben* dir selbst gemäß gestaltest, so, wie es dir eigentümlich ist. Lebst du gegen deinen Strich, wird aus *eigen* ein dich selbst *negie*•ren.

12. Einsicht: In der Ruhe liegt die Kraft

„Was für eine Binsenweisheit!" denkst du jetzt vielleicht, „das wußte ich schon vorher!"

Nun, der bloße Besitz von Wissen macht noch niemanden zum Benutzer dieses Wissen. Mir geht es um letzteres.

Wir alle geraten mehr oder weniger in Unruhe, wenn uns das Phänomen namens *Streß* beim Schopfe packt.[63] Es gibt nur eine einzige gemeinsame Ursache für alle Formen von Streß, und das ist, wenn du *ja* zu etwas sagst und in Wahrheit *nein* meinst.

Du sagst *ja* beim Kauf eines Kleidungsstücks, weil es gerade so unglaublich günstig ist. Wobei schon mal die Frage zu klären wäre, ob das ein hinreichender Grund ist, irgend etwas zu kaufen – nur weil es soooo günstig ist. Zu Hause probierst du es abermals an und stellst nun fest: Du siehst darin aus wie eine Wurst! Jetzt sagst du *nein* dazu. Das ginge in Ordnung, wenn du ehrlich zu dir selbst wärest – und das Kleidungsstück sofort entsorgen (oder spenden oder verschenken würdest). Das tust du aber nicht, schließlich hast du dein *sauer* verdientes Geld dafür bezahlt.[64]

---

[63] Im folgenden ist immer die negative Form des Stresses, der Distreß gemeint.

[64] Das sind alles Armutsgedanken, siehe AWDW, 1. Regel: *Du kannst im Leben alles haben, was du willst.* Achte einmal auf deine Sprache: Wenn DU dein Geld *sauer* verdienen mußt, sagt das sowohl etwas über dich (und deine Entfernung von deiner Lebensaufgabe) als auch etwas über deinen Gesundheitszustand aus ...

Also ziehst du das Ding irgendwann an. Du fühlst dich sofort unwohl und erlebst (wenn auch vielleicht nur vergleichsweise geringen) Streß damit. Du hast *ja* gesagt (indem du es anzogst) und *nein* gemeint (als du erkanntest, daß dein Schnäppchen in Wahrheit das Schnappen einer geschickten Einkaufsfalle war). Der teuerste Kauf ist oft der billigste Kauf.[65]

Ein anderes Beispiel:

Du gehst mit deinem Lebenspartner ins Kino, in einen Film, den er oder sie gut findet, du aber überhaupt nicht. Du beginnst dich schon nach kurzer Zeit zu langweilen, dann zu ärgern – über den Film, weil der so grottenschlecht ist, über deinen Partner, weil der sich dennoch amüsiert, über dich, weil du mal wieder *ja* gesagt und *nein* gemeint hast.

Dasselbe erlebst du – nur in noch höheren, gewichtigeren Sphären – im falschen Job, im falschen Projekt, mit dem grundsätzlich falschen Partner an deiner Seite, mit dem falschen Haus oder der falschen Wohnung, mit dem falschen Auto, mit dem falschen Urlaubsort und mit was nicht allem noch.

Streß entsteht immer, wenn du *ja* sagst und *nein* meinst. Das, was du *mein*st (was du *mein* nennst), ist deine Wahrheit, egal was du nach außen hin auch behauptest.

Das gemeine beim Streß ist, daß dein Gehirn dann dem Körper signalisiert, er befände sich in Lebensgefahr. Jetzt werden Streßhormone (unter anderem das Nebennierenhormon Cortisol) ausgeschüttet, die in einer wirklichen Gefahrensituation deinen Körper schnell beweglich und weniger verwundbar machen sol-

---

[65] Oscar Wilde brachte es auf den Punkt, als er sagte: „Ich habe einen ganz einfachen Geschmack – einfach immer nur das Beste!"

len. Er soll entweder *kämpfen* oder *fliehen* können[66], zuhauen oder abhauen sozusagen, wobei beides eben ein Hauen ist.

Da Streß immer entsteht, wenn du *ja* sagst und *nein* meinst, kreisen also immer dann auch jene Streßhormone in deinen Kreisläufen, auch wenn du gar nicht in Lebensgefahr bist – mit einer Reihe von dir vielleicht unbekannten und unerwünschten Nebenwirkungen. Das oben erwähnte Cortisol z. B. wirkt auf den Kohlehydrat-, den Eiweiß- und (wenn auch nicht so stark) auf den Fettstoffwechsel ein. Cortisol klaut Glucose aus den Eiweißdepots von Muskeln und Herz. Dies führt dazu, daß sich der Insulinspiegel erhöht. Ein hoher Insulinspiegel beschert dir wiederum starke Hungergefühle. So entsteht der sogenannte „Kummerspeck", den du dir gerade dann besonders leicht anfuttern kannst, wenn du unter starkem Druck stehst.

Daraufhin machst du eine Diät. Der Körper registriert das Ausbleiben der Nahrung, meldet dies plichtbewußt „nach oben", und dein Gehirn brüllt erschrocken abermals „Lebensgefahr!" Wieder werden Unmengen von Streßhormonen ausgeschüttet, und der Wahnsinn beginnt von neuem. Verschwindet Glucose aus den Eiweißdepots, verringert sich damit gleichzeitig die Muskelmasse. Dadurch bist du schwächer als zuvor. Du fühlst dich schlapp – und mußt erst mal was essen. Wie wär's mit einem Schokoriegel, der verbrauchte Energie sofort zurück (und jede Menge Kalorien mit sich) bringt? Was? Du hast *ja* zu dem

---

[66] Vera F. Birkenbihl spricht in vielen Büchern über dieses „Reptiliengehirn"-Phänomen. Reptiliengehirn deswegen, weil *Kampf* oder *Flucht* Reaktionen eines evolutionsmäßig sehr alten Hirnteils sind, den wir von den Reptilien geerbt haben. Sie nennt den unter Streß Stehenden gern auch *hormo sapiens* (also hormonell gesteuerten Menschen), der sich vom *homo sapiens* (also dem vernunftgesteuerten Menschen) darin unterscheidet, daß er in dieser Phase nicht mehr klar denken kann. All seine möglichen Entscheidungen sind auf Kampf oder Flucht eingeengt.

Schokoriegel gesagt und *nein* gemeint? Und jetzt ärgerst du dich über dich selbst und bist regelrecht *sauer*? Das mag daran liegen, daß der Zuckeranteil vom Körper zum großen Teil in *Säure* umgewandelt wird.[67]

Vereinfacht gesagt: Streß macht dich sehr unruhig und raubt dir zudem ungeheuer viel Kraft (= Energie).

Anders ausgedrückt: In der *Un*ruhe liegt der Kraft*verlust*.

Demzufolge liegt in der Ruhe die Kraft.

Es ist seit langem bekannt: Wohlfühlhormone – Endorphine – „fressen" die Streßhormone in unserem Körper regelrecht auf. Lächeln, besser noch herzhaftes Lachen, erzeugt diese Endorphine relativ schnell und preiswert (weshalb der Volksmund zu recht behauptet, Lachen sei die beste Medizin).

Es spielt dabei keine Rolle, ob du in deiner augenblicklichen Situation einen Grund zum Lächeln oder Lachen hast oder nicht. Auch „so tun als ob" wirkt. Dein Körper meldet die Muskelkontraktion des Lächelns oder Lachens nach oben, und dein Gehirn veranlaßt daraufhin die Ausschüttung von Wohlfühlhormonen, egal ob ein Grund dafür vorliegt oder nicht.[68]

Schon 60 Sekunden breiteste Lächeltherapie wirken wahre Wunder. Und nach etwa zehn Minuten fühlst du dich garantiert besser. Probiere es einfach aus.

Lachen oder Lächeln ist die äußerlich gezeigte Form von Mögen. Jedes Vermögen kommt von Mögen. Auch das Vermögen, unerwünschte Streßhormone möglichst elegant wieder aus deinem System herauszuholen.

---

67 siehe 9. Einsicht: *Handle zum Wohle aller* und der dortige Hinweis auf die Übersäuerung unseres Körpers.
68 vereinfacht ausgedrückt; der Prozeß selbst ist schon ein wenig komplexer.

Eine gesteigerte Form des Mögens ist das Genießen. Kannst du Ruhe noch genießen? Wenn ja, entspannst du dich unwillkürlich. Die Spannung verläßt bei der Entspannung die Muskeln, die Energie steht dir damit wieder für andere Dinge zur Verfügung, zum Beispiel fürs Lernen im Alphazustand.[69]

In der Ruhe liegt die Kraft.

Jetzt stelle dir einmal vor, du würdest den ganzen Tag über *ja* zu den Dingen (Personen und Themen) sagen, mit denen du dich beschäftigst. Und du würdest auch aus vollem Herzen *ja* dazu meinen. Du würdest all das *mögen*. Welche Auswirkungen hätte das auf deinen Streßpegel? Und damit auf deinen Hormonspiegel? Auf deinen Insulinwert? Auf dein Gewicht? Auf deine grundsätzliche Gesundheit? Auf deine Stimmung? Auf die Art, wie du mit anderen umgehst? Auf deine Familie, deine Kinder, deinen Lebenspartner, deine Freunde?

Ja zu sagen und auch *ja* zu meinen ist nur eine andere Umschreibung für unser TU WAS DU WILLST-Prinzip.

Wenn du bisher nervös und unruhig durch die Gegend läufst, rennst du nicht nur dem Herzinfarkt entgegen, sondern *atmest* vor allem schneller und häufiger. DR. INGE HOFMANN hat aufgezeigt, daß die Lebensspanne eines jeden Lebewesens abhängig ist von der Zahl der gelebten Zyklen. Sie sagt, daß der Mensch unter anderem folgende Zyklen hat: [70]

Lebenszyklus	1
Atemzyklen	200 000 000
Darmkontraktionen	300 000 000
Herzschläge	1000 000 000
Wimpernschläge	20 000 000 000

---

69 siehe ebenfalls 9. Einsicht: *Handle zum Wohle aller*
70 Dr. Inge Hofmann, „Lebe faul, lebe länger", siehe Literaturverzeichnis

Danach gibt das betreffende Organ seine Funktion auf. Es kann nicht mehr. Je mehr und schneller du also atmest – und das tust du unter Streß –, desto eher rafft es dich dahin. Bei einem Job (oder einer Beziehung) mit Dauerstreß kommt da schon einiges zusammen.

Du hast ein eingebautes Verfallsdatum. Und das zählt nicht nach Jahren, sondern nach Zyklen.

Wer den längeren Atem hat, atmet weniger, atmet tiefer, atmet langsamer und ruhiger.[71] Und lebt ganz nebenbei – vergleichsweise – länger.

In der Ruhe liegt die Kraft. Gönne sie dir. Genieße sie, wann immer du kannst. Genieße überhaupt, wann immer du kannst. Und solange du kannst.

Es ist dein Leben.

---

71 Zum Thema Atmen siehe auch die 11. Einsicht: *Gehe rückwärts aus dem Nebel*

Quintessenz der 12. Einsicht:
In der Ruhe liegt die Kraft

1. Wenn du *ja* sagst und *nein* meinst, erzeugst du in dir immer Streß. Du wirst hektischer, nervöser, ängstlicher – deine Unruhe nimmt zu.
2. In der Unruhe liegt der Kraftverlust. Demzufolge liegt in der Ruhe die Kraft. Wenn du ruhig bist, hältst du Frieden, kämpfst also nicht. Deine Energie bleibt bei dir.
3. Streß macht dich zu einem Menschen, der nicht mehr klar denken kann, weil dich Streßhormone überschwemmen (*hormo sapiens*).
4. Wohlfühlhormone „fressen" Streßhormone. Lachen und Lächeln erzeugen Wohlfühlhormone. Lachen ist die beste Medizin.
5. Dein Leben wird in Zyklen gezählt und nicht in Jahren. Langsames, tiefes Atmen verlängert dein Leben.

13. Einsicht: Was dich er-*reicht*, will dich *reich* machen

Wie du weißt, bin ich davon überzeugt, daß es keine Zufälle gibt. Daraus folgt: *Alles*, was dich an Materiellem und Immateriellem in diesem Leben erreicht, kommt mit Absicht daher. Und auch für das, was dich nicht erreicht, gilt das gleiche: Es bleibt mit Absicht weg.

Das, was dich erreicht, macht dich in jedem Falle reich.

Mit *Materiellem* meine ich alle Gegenstände (auch Geld) und alle Personen, die in diesem Leben zu dir finden. Mit *Immateriellem* meine ich alle Ideen, Werte, Philosophien, Freundschaften, Beziehungen und Erlebnisse, die du in diesem Leben teilen darfst.

Was sich ereignet, ist dazu geeignet, von dir angeeignet zu werden. Deshalb nennen wir es Er•EIG•nis.

Wenn dich alles, was dich erreicht, reich macht, gilt das für die angenehmen Dinge und die unangenehmen Dinge gleichermaßen.

Und dies zu akzeptieren[72] und nicht dagegen anzukämpfen ist die eigentliche große Herausforderung. Es *fordert* dich aus deiner Komfortzone *heraus* (sonst hieße es ja Hineinforderung).

Alles Kämpfen macht das, was ich bekämpfe, stärker. Also muß ich meinerseits noch stärker werden, um das seinerseits stärker Gewordene noch stärker bekämpfen zu können. Ein Irrsinn, den wir allerdings täglich in den Nachrichten rund um den

---

72 siehe AWDW, 34. Regel: *Lerne zu akzeptieren: sage ja*

Erdball verfolgen können – wenn wir uns das denn überhaupt antun wollen.

Klüger ist es, statt dessen zu ergründen, warum dich diese angenehmen und unangenehmen Dinge *eigen*tlich erreichen.

Das Universum ist ein Ort der Fülle. Alles ist in schier unglaublichen Mengen vorhanden. Das Universum ist mithin ein Ort des puren Überflusses. Es mag sein, daß sich augenblicklich dort, wo du dich aufhältst, ein Überfluß an Krieg, Armut, Wohnungsnot, Kriminalität, Arbeitslosigkeit und Seuchentod ballt, und sei es auch nur indirekt, indem es per Zeitung, Radio oder Fernsehen unaufhörlich in dein Wohnzimmer quillt.

Hier könnte dein *Reichmachen* in der Erkenntnis bestehen, wie *reich*lich du von den negativen Nachrichten schon hast und daß du nicht noch mehr brauchst. Und vielleicht änderst du deine Lese-, Hör- und Fernsehgewohnheiten. Du konzentrierst dich mehr auf das Positive. Allein es zu finden stellt schon eine Herausforderung für sich dar. Du achtest vielleicht mehr als früher auf die Schönheit. Und das Ergebnis ist überraschend: Selbst die negative Fülle hat dich (qualitativ) reicher gemacht als vorher.

Frage dich also, warum *du* das jetzt erlebst, warum dich *das* jetzt er*reich*t und wie lange es noch gehen soll, bis es dir *reich*t und du aktiv wirst. Du hast ein Bewußtsein bekommen, um eine bewußte Auswahl treffen zu können. ES•TUN ist die Spiegelschrift von NUT•ZE. Biete einen Nutzen. Tu was. Wenn du nicht weißt, was, dann suche nach einem Nutzen. Was wir suchen, ziehen wir an.[73]

Ein interessanter und oft übersehener Aspekt dabei ist: Je größer dein Nutzen für andere ist, desto mehr haben diese anderen

---

73 siehe 8. Einsicht: *Du ziehst an, was du suchst*

ein Interesse daran, daß es dich gibt. Sie unterstützen dich, geben dir Geld, Wissen, Material, nur damit du ihnen einen immer besseren, größeren Nutzen bieten kannst.[74]

Da es keinen Zufall gibt, bist du genau an der richtigen Stelle, um davon reicher zu werden, auch wenn du es vielleicht nicht wahrhaben willst. Du solltest *Reichsein* allerdings niemals automatisch nur mit *materiellem Reichtum* gleichsetzen. Wir vergessen häufig: es gibt daneben auch den vielleicht sogar noch wertvolleren Reichtum an Wissen, Erfahrung, Schönheit, Liebe, Glauben, Gesundheit, Frieden und Zufriedenheit – eben *immateriellen Reichtum*. Und möglicherweise besteht deine Lebensaufgabe darin, genau hiervon reicher zu werden, von diesen Verhältnissen zu lernen und an diesen Umständen zu wachsen. Du bist nicht zufällig dort, wo du bist.

Wachsen heißt „wach" zu sein. Mach' die Augen auf und sieh genau hin. Höre genau hin. Fühle genau, was du erfühlst. Welche Gefühle hast du jetzt? Welche Gedanken gehen diesen deinen Gefühlen voraus?[75] Zu welchen Taten zieht es dich hin? Was würdest du am liebsten verändern?

Warum, glaubst du, ist es genau *das*, was du *am liebsten* verändern möchtest? Wieso ist dein *Mögen*, hier tätig zu werden, so groß? Wenn du die Werteübung aus dem Anhang III schon gemacht hast, weißt du bereits, warum. Wenn nicht, lege ich sie dir hiermit noch einmal ans Herz.

Das amerikanische *change it, love it or leave it*[76] greift auch hier.

---

74 siehe 10. Einsicht: *Handle zum Wohle aller*
75 siehe AWDW, 20. Regel: *Du kannst dein Schicksal selbst verändern* und ebd. 14. Regel: *Sei wachsam*
76 Englisch: Verändere es, liebe (akzeptiere) es oder verlasse es/laß es sein

Wenn du die Zustände *verändern* kannst, verändere sie. Gelingt dir das, haben dich die Dinge, die dich erreichen, reicher gemacht.

Wenn du die Zustände nicht verändern kannst, *akzeptiere* sie. Akzeptieren ist die tiefste Form des Begreifens, die nächste ist Mögen, die höchste ist Lieben. Und so wirst du auch jetzt reicher durch das, was dich erreicht.

Und kannst du die Zustände weder verändern noch akzeptieren, dann *laß es sein* und/oder *gehe woanders hin*. Alles andere ist dann besser als hier bei dieser Sache zu bleiben. Und wieder wirst du reicher durch das, was dich erreicht.

Eine von diesen drei Möglichkeiten kannst du immer ergreifen. Es sei denn, du willst nicht. Oder du weißt nicht, was du willst. Deshalb ist ja die große Frage die, zu wissen, was du willst.[77]

Der Weg dorthin ergibt sich, sobald du weißt, wo du hin willst. Er ergibt sich nahezu automatisch. Er ist eine der kleineren Fragen, eine, die sich fast von allein beantwortet, sobald du weißt, was – und damit wohin – du willst.[78]

Alle Probleme, die dich erreichen, wollen dich reich machen, so verrückt das klingt. Aber was klingt nicht verrückt, wenn du es einmal außerhalb der Norm betrachtest (= die BETReffenden Hinweise ACHTEST) ...

---

77 siehe 7. Einsicht: *Die große Frage ist, zu wissen, was du willst*

78 Ein gutes Beispiel dafür ist das Mondlandeprogramm der US-Amerikaner in den Sechzigern. Nachdem das Ziel klar war, ergab sich der (technische) Weg dorthin in kürzester Zeit von allein. (Der Witz ist: *Heute* könnten wir die Mondlandung aus dem Stand heraus nicht wiederholen. Alles, was wir dazu benötigen würden, ist nicht mehr vorhanden, hat sich regelrecht aufgelöst, weil es kein Ziel mehr darstellt: das Wissen in den Köpfen der Beteiligten, die damaligen Computer, die Software und und und. Und das, wo heute in jedem Kleinwagen mehr Computerpower steckt als in allen bisherigen Mercury-, Gemini- und Apollo-Raumkapseln zusammen! Es ist wie in der alten Weisheit aus Birma: „Wenn du ganz still bist, hörst du das Universum leise lachen ...")

Das Wort Problem hat die Vorsilbe *pro*, was „für" bedeutet. Dein Problem ist also ein *Blem*, das für dich gemacht und gedacht ist.

Aber was in aller Welt ist ein Blem?[79]

Die Silbe geht auf das griechische *bállein* zurück, das – wer hätte das gedacht – „werfen" oder „hineinwerfen" bedeutet, weswegen wir unseren *Ball* ja so nennen wie wir es tun. Wenn etwas geworfen wird, fällt es irgendwann zu Boden (sagt dir jeder *Ball*istiker). Wenn es gerade bei dir herunterfällt, fällt es dir zu. Wenn du nicht nachdenkst, nennst du so etwas Zufall. Wenn du nachdenkst, wird aus jedem Problem ein *dir zugefallenes Fürdich*.

Und was machst du? Du ärgerst dich auch noch über die Probleme, die du so „zufällig" hast, anstatt sie anzunehmen, zu bejahen, zu akzeptieren und etwas zu ihrer Lösung[80] beizutragen.

Das Universum ist ein Ort der Fülle. Es beschert dir auch *dir zufallende Fürdichs* in Hülle und Fülle. Wobei wir wegen der *Hülle* oft nicht immer im ersten Augenblick erkennen, was es ist. Glücklicherweise hat uns die Natur den Spaß am Enthüllen mitgegeben. Hüllen sind wie Muschelschalen. Darunter kannst du PERLEn finden. Schau einfach mal genauer hin.

---

[79] Du kennst ein *Blem* auch als Emblem, was du etwa mit „hineingeworfenes, gelegtes Zeichen" oder mit „Einlegezeichen" oder „Einlegearbeit" übersetzen kannst.

[80] siehe AWDW, 5. Regel: *Es gibt immer eine Lösung*

Quintessenz der 13. Einsicht:
Was dich er*reicht*, will dich *reich* machen

1. Was sich ereignet, ist dazu geeignet, von dir angeeignet zu werden.
2. Das Universum ist ein Ort der Fülle. Alles ist im Überfluß vorhanden – Gutes wie Schlechtes, Angenehmes wie Unangenehmes. Die Frage ist, was du damit tust. Du hast ein Bewußtsein bekommen, um eine bewußte Auswahl zu treffen.
3. Du bist genau an der richtigen Stelle, um herauszufinden, was du willst. Deine Probleme sind *dir zufallende Fürdichs*.
4. *Dir zufallende Fürdichs* bekommst du in Hülle und Fülle. Anstatt dich darüber zu ärgern, enthülle sie und schau genau hin (hör genau hin), was sie für dich bedeuten.
5. Es gibt materiellen und immateriellen Reichtum. Warum solltest du dich nur mit einem von beiden begnügen? Zudem bedingen sie einander: Die Welt ist das, was du von ihr denkst.

14. Einsicht: Sage nein, indem du ja zu dir sagst

Wo Licht ist, entsteht auch Schatten.

Wenn du DAS TU WAS DU WILLST-Prinzip leben willst, wirst du Entscheidungen treffen dürfen – für das, was du willst, und gegen das, was du nicht willst. Bei jeder Für-Entscheidung sagst du *ja* zu dem, was du willst, und meinst auch *ja*.

Dadurch sagst du jedoch im selben Augenblick auch *nein* zu den Dingen, Personen und Themen, die du nicht willst.

Denn du hast jetzt eine Entscheidung getroffen: für den Beruf, für den Weg, den du gehen willst, oder ganz allgemein für das Leben, wie es dir vorschwebt. Das heißt: Es bleibt die Alternative zurück, die du nicht willst (oder sogar mehrere).

Klar und eindeutig *nein* zu sagen stellt für sehr viele Menschen ein Riesenproblem dar. Sie schämen sich beinahe ihrer eigenen Überzeugungen und sagen lieber *ja*, obwohl sie *nein* meinen.

Die Kunst des Nein-Sagens besteht also darin, *ja* zu sich selbst sagen und auch *ja* zu meinen, so verrückt das im ersten Moment klingt.

Ja zu dem, was du willst, aber auch *ja* zu sagen zu der Tatsache, daß mindestens eine Alternative zurückbleibt, die du nicht willst.

Der Mut zum Nein-Sagen ist in Wahrheit der Mut, sich zum TU WAS DU WILLST-Prinzip zu bekennen. Wenn du vorschnell *ja* sagst und *nein* meinst, erzeugst du Streß.[81]

---

81 siehe 12. Einsicht: *In der Ruhe liegt die Kraft*

Vielleicht kennst du Sätze wie diese:
„Machen Sie doch mal eben schnell ..."
„Kannst du mal eben ..."
„Sei doch so gut und ..."
„Das ist dringend ..."
„Unbedingt noch heute ..."
„Nun sei doch nicht so ..."
„Neulich hast du doch auch ..."
„Andere machen das auch ..."
„Wenn du das nicht machst, hab' ich dich nicht mehr lieb!"
Die Liste ließe sich beliebig fortsetzen.

Dieses vorschnelle Ja-Sagen zu anderen raubt dir im geringsten Fall „nur" etwas von deiner Zeit – Zeit von deiner Lebenszeit! In drastischeren Fällen raubt es dir die Selbstachtung und Würde. Es zerfleddert dein Selbstwertgefühl. Immer aber raubt es dir Energie.

Wenn du in die Ja-Sagen-Falle tappst, also *ja* sagst und eigentlich *nein* meinst, tust du, was andere wollen. Machst du das dann auch noch besonders gut oder nur häufig genug, entsteht daraus bei den anderen **und** bei dir eine Gewohnheit.[82]

Gewohnheiten sind wie Supertanker – sie haben eine unglaubliche hohe Trägheit und sind sehr schwer (wieder loszuwerden). Ehe du dich versiehst, beschäftigst du dich jahrelang mit den Zielen anderer.

Zu tun, was andere wollen, das ist okay, wenn du das *auch* willst. Denn nur dann sagst du *ja* und meinst auch *ja*. Es ist nicht okay, wenn du damit im Stillen gegen deine eigentlichen Interessen und gegen dein tatsächliches Wollen handelst.

---

82 siehe Anhang IV

Manche Menschen retten sich vor der jetzt fälligen Entscheidung, indem sie „vielleicht" sagen. Das ist Selbstbetrug, denn sie gehen der Entscheidung nur aus dem Weg. Zurück bleiben zwei Fälle – und damit Zweifel (= zwei Fälle) an der eigenen Fähigkeit, sich dem TU WAS DU WILLST-Prinzip gemäß zu verhalten.

Deine Ja-Falle (die genaugenommen ein Nein zum *nein* ist) kann viele Formen annehmen und mit sogenannten guten Gründen daherkommen:

- **Vielleicht wurdest du als Kind dazu erzogen, grundsätzlich ja zu sagen,** wenn du etwas – auch gegen deinen Willen – tun solltest. Erziehung führt zu der Gewohnheit, so zu handeln, wie du erzogen wurdest, meist noch ohne darüber nachzudenken. Frage dich bitte: Nutzt dir dieses alte Programm noch etwas? Oder ist es inzwischen überholt? Wie wäre es mit einem (längst fälligen) Update?
- **Vielleicht hast du das Gefühl, dich oft beweisen zu müssen.** Daß du dies und jenes (trotz Zeitnot) auch noch schaffst, obwohl du schon mit allem möglichen (z. B. Aufgaben) überhäuft bist. Dann betreibst du eigentlich ein Fischen nach Anerkennung, indem du anderen willfährig bist. Da die Welt das ist, was du von ihr denkst, bist auch du (als Teil dieser Welt) das, was du von dir denkst. Wie denkst du eigentlich über dich, wenn du denkst, du *müßtest* dich beweisen? Und was für eine Welt erschaffst du, wenn du so denkst? Die Antwort ist simpel: eine Welt, in der du dich wirst beweisen müssen, immer wieder.
- **Vielleicht hast du den Wunsch, die gute Stimmung, die Atmosphäre, die Beziehung oder dergleichen nicht zu (zer-)stören.** Nun, die Stimmung *eines* Menschen störst (oder zerstörst) du so in jedem Fall: deine eigene. Mithin die des

wichtigsten, wertvollsten Menschen, den es für dich gibt. Bist du meschugge?

- **Vielleicht fühlst du dich geschmeichelt, so sehr gebraucht zu werden.** Du sagst also *ja* und meinst *nein,* weil du so an indirekte Anerkennung heranzukommen glaubst. Nun, frage dich mal ganz ehrlich: Wer schmeichelt denn da wem? Die anderen dir? Doch nur du dir selbst und niemand sonst. Wer hat denn das Gefühl, gebraucht zu werden? Die anderen? Nur du selbst. Wenn du dich geschmeichelt fühlst – wer ist denn der Verursacher deiner Gefühle? Du. Eben! Und wenn nur DU es bist, dann kannst du dich wegen allem möglichen geschmeichelt fühlen. Und du kannst dir schmeicheln, wann immer du willst. Jetzt zum Beispiel, weil du gerade dieses Buch liest. Du bist es doch, der darüber bestimmt, ob hier geschmeichelt wird, und niemand sonst. Du könntest dich – nur so ein Vorschlag – zum Beispiel auch geschmeichelt fühlen, *weil* du dich für deine Ziele, für deine Interessen und für dein Leben einsetzt. Oder, wenn es schon das Gefühl sein muß, gebraucht zu werden, dann fühle dich geschmeichelt, daß du von dir selbst noch viel mehr gebraucht wirst.

- **Vielleicht hast du Angst, durch deine Ablehnung die Ablehnung der anderen oder sogar deren Liebesentzug zu erfahren.** Ja, dann ... Dann frage dich mal nicht minder ehrlich: Wenn dich jemand mag oder sogar liebt, kann er dann überhaupt ein Interesse daran haben, daß du etwas tust, was du nicht willst? Das kann er doch nur haben, wenn es mit seinem Mögen oder sogar seiner Liebe nicht so weit her ist, wenn er dir lieber schaden will, als sich daran zu erfreuen, daß es dir gut geht. Ich weiß, es ist hart, es so zu sagen, aber da ist dann nur wenig Mögen (und noch weniger Liebe) bei diesem oder diesen anderen im Spiel. Wer dich mag oder sogar liebt, der mag oder liebt dich, wie du bist – mit all deinen Vorlieben und Abneigungen, nicht trotz, sondern wegen.

Denke bitte einmal in Zeitlupe mit: Wenn du etwas ablehnst, das du nicht magst, sagst du zugleich *ja* zu etwas, das du magst, wie auch immer die Alternative aussieht. Mit anderen Worten: Indem du ablehnst, geht es dir besser.

Bei all den sonst noch hier nicht aufgeführten Gründen, deretwegen du vielleicht doch *ja* sagen solltest, obwohl du insgeheim *nein* meinst, bedenke bitte stets: Die Welt ist das, was du von ihr denkst. Also erschaffst du dir eine Welt, in der genau das passiert, was du annimmst.[83]

Das TU WAS DU WILLST-Prinzip gibt dir die Möglichkeit, dich jederzeit zu dir selbst zu bekennen.

Es ist wie beim Unterschied zwischen einer Kopie oder einer Fälschung und dem Original.

Kopien und Fälschungen sind im Vergleich zum Original nichts wert, weil die Werte des Originalschaffenden immer (in der Kunst wie im Leben) in das Original einfließen und weil Kopien immer einen Verlust bei der Informationsübertragung aufweisen. Solltest du das nicht glauben, fertige einfach mal ein paar Fotokopien an, indem du immer die Kopie der vorangegangenen Kopie erzeugst. Schon bald läßt die Qualität sichtbar nach.

Wenn du nach den Vorstellungen und Werten anderer dein Leben ein- und ausrichtest, wirst du auch zu einer Kopie, zu einem *me-too*-Menschen – zu jemandem, der „das mache ich auch" sagt und der (manchmal blind) den längst ausgetretenen

---

83 siehe 9. Einsicht: *Du nimmst an, was du annimmst*

Pfaden anderer folgt. *Me-too*-Menschen[84] können niemals Originale sein, vielmehr setzen sie ihren eigenen Wert herab.

Mit dem TU WAS DU WILLST-Prinzip folgst du deinem eigenen Pfad. Und du entzündest dein eigenes Licht. Daß dabei Schatten entstehen liegt in der Natur des Seins.

---

84 siehe AWDW, 4. Regel: *Es kann immer nur einen Ersten geben*

Quintessenz der 14. Einsicht:
Sage nein, indem du ja zu dir sagst

1. Sage *ja* zu dem, was du willst, aber auch *ja* zu der Tatsache, daß mindestens eine Alternative zurückbleibt, die du nicht willst. Wo Licht ist, entsteht Schatten.
2. Ja-Fallen lauern überall und den lieben langen Tag lang. Es kostet mehr Energie, aus ihnen wieder herauszukommen, als gar nicht erst hineinzutappen.
3. Du bist absolut einmalig, von der Art her also ein Original. Warum solltest du dich zu einer Kopie (oder gar zu einer Fälschung) machen?
4. Die Kunst des Nein-Sagens besteht darin, *ja* zu sich selbst zu sagen und auch zu meinen.
5. Jede Ja-Falle ist ein Nein zum *nein*.

15. Einsicht: Dein Gefühl ist dein untrüglicher Fühler

Wir sind daran gewöhnt worden, auf unseren Verstand zu hören. Wenn etwas logisch ist, beweisbar, nachvollziehbar, dann ist es richtig. Auch wenn unser Gefühl dagegen spricht.

Und wenn etwas unlogisch ist, irrational, nicht nachvollziehbar, dann ist es falsch. Auch wenn unser Gefühl dafür spricht.

So war es jedenfalls bisher – bis zu dem Tag, da die Quantenphysik das Licht der Welt erblickte. Da war zunächst alles unlogisch. Wie konnte etwas zugleich eine Welle und ein Teilchen sein? Das widersprach jeder *ratio* (= Vernunft), war also irrational. Und wenn ein Mann wie RICHARD FEYMAN[85] der Welt erklärt, es gäbe *keinen* Minimalwert des Energieaufwands für die Durchführung einer Berechnung, „ein idealer Computer kann seine Berechnung mit einer *beliebig kleinen* Energiemenge ausführen", dann ist das nicht mehr nachvollziehbar. Und doch gilt heute die Quantenelektrodynamik als die exakteste und erfolgreichste naturwissenschaftliche Theorie von allen.

Die Quantenphysik hat uns die Erkenntnis beschert, daß auch die einfache Beobachtung eines Vorgangs eine Wirkung auf eben diesen Vorgang hat. *Die Beobachtung an sich verändert schon das Ergebnis.* Das ist nichts anderes als eine andere Form für die 6. Universelle Erwerbsregel: *Das, worauf du deine Aufmerksamkeit richtest, wächst.*

---

85 einer der weltweit führenden Experten der Quantenelektrodynamik, der daran arbeitet, die kleinsten und schnellsten Computer überhaupt zu entwickeln, die ihre Zahlen auf *einzelnen* Atomen speichern.

Was ist Aufmerksamkeit anderes als die Summe unserer Gedanken zu einer bestimmten Sache?

Darum ist es für mich kein Wunder, wenn auch Gedanken zu einer bestimmten Sache diese Sache verändern können.[86] So hat der Amerikaner LARRY DOSSEY seine Untersuchungen *über die Kraft der Gebete und die Macht der Medizin* in seinem 1995 auf deutsch erschienenen Buch „Heilende Worte" veröffentlicht. Er weist darauf hin, daß auch die Fernwirkung unserer Gedanken experimentell nachweisbar ist.[87]

Du kannst es selbst überprüfen. Dein Blut lebt noch rund zwölf Stunden weiter, nachdem man dir eine Blutprobe entnommen hat. Laß dir einmal ein Lebendblutbild deines Blutes zeigen. Da liegt dann deine Blutprobe einsam auf einem Glasplättchen unter dem Mikroskop und ist definitiv von dir getrennt, nicht wahr? Von wegen! Du wirst verblüfft feststellen: es reagiert nach wie vor auf jeden deiner Gedanken, obwohl du dich zwei Meter oder mehr davon entfernt aufhältst. Entfernung ist irrelevant.

Jeder Gedanke ist ein elektrischer Prozeß im Gehirn, der meßbar ist. Und Strom, der fließt, erzeugt immer zugleich eine chemische Reaktion. Diese Reaktion in unserem Gehirn nennen wir Gefühl.

---

86 siehe Seite 44: das PEAR-Programm

87 Rund 400 schwer herzkranke Menschen, die vor einer Bypass-Operation oder ähnlichem standen, wurden in zwei Vergleichsgruppen aufgeteilt. Für die einen wurde gebetet (oder an sie wurde wohlwollend gedacht). Die zweite Gruppe bekam keinerlei derartige Zuwendung. Je sieben bis acht „Beter" widmeten ihre Aufmerksamkeit einem Erkrankten, ohne daß dieser davon wußte. Das Ergebnis war verblüffend: In der bebeteten Gruppe kam es zu erheblich weniger Komplikationen nach der Operation (deren Auftreten sonst die Regel ist); es wurden erheblich weniger Medikamente benötigt als in der Vergleichsgruppe; die Patienten standen viel früher wieder auf und wurden wesentlich früher wieder gesund.

Dieser elektrochemische Vorgang geschieht so blitzschnell, daß wir uns des zugrundeliegenden Gedankens oft gar nicht bewußt sind. Innerhalb von Nanosekunden verändert sich deine gesamte Körperchemie, wenn du zum Beispiel einer plötzlichen Gefahr gegenüber stehst. Darum nennen wir es auch unbewußtes Denken. Unser Unbewußtes ist sehr viel umfassender und schneller als unser langsameres, bewußtes, verstandesmäßiges Denken. Wolltest du einen Vergleich ziehen zwischen deinem unbewußten und deinem bewußten Sein, dann entspräche dies einem Verhältnis von 11 Kilometern Unbewußtes zu 1,5 Zentimetern Bewußtsein.[88]

Deine Gefühle sind also eine Reaktion deines Gehirns auf alle Wahrnehmungen, die du machst, auch die unbewußten. Was du wahrnimmst, nimmst du auch „für wahr". Deine Wahrnehmung generiert deine Wahrheit.

Deine Gefühle bilden immer all deine Wahrnehmungen ab, also die vollen 11 Kilometer. Dein Verstand bildet immer nur die 1,5 Zentimeter ab, auf die du dich gerade bewußt konzentrierst.

Wenn du also ein bestimmtes Gefühl bekommst, signalisiert dir dein Gehirn damit die Summe aller derzeitigen Wahrnehmungen. Du bekommst damit eine vollständige, bereits ausgewertete Zuammenfassung all dessen, was gerade ist. Ich nenne das ein *Außengefühl*.

Allerdings kannst du Gefühle auch selbst erzeugen, indem du einfach an etwas Bestimmtes denkst – sagen wir an Erdbeeren mit Schlagsahne. Je nachdem, ob du Erdbeeren mit Schlagsahne

---

[88] Thor Norretranders, „Spüre die Welt", siehe Literaturverzeichnis

magst oder nicht, bekommst du sofort, selbst jetzt beim Lesen, ein entweder gutes oder weniger gutes Gefühl. Ich nenne das ein *Innengefühl*.

Wir haben nicht gelernt, zwischen diesen beiden Arten von Gefühlen zu unterscheiden.

Wenn du zum Beispiel nachts durch einen dunklen Park gehst, fühlst du dich vielleicht ängstlich und bedroht, obwohl gar keine tatsächliche Bedrohung vorhanden ist. Sagen wir, du bist völlig allein dort, und niemand lauert hinter dem Busch. Und doch weißt du um die potentielle Bedrohung einer solchen Situation. Deine Gedanken, deine inneren Bilder erzeugen blitzartig die dazu gehörenden Angstgefühle. Selbst wenn dein Außengefühl etwas anderes meldet (und das tut es zuverlässig) – dein Innengefühl übertönt es laut und heftig.

Das Innengefühl ist sozusagen immer dominant gegenüber deinem Außengefühl. Das ist von der Natur durchaus weise eingerichtet, versetzt es dich damit ja eben in die Lage, potentielle Gefahren zu umgehen, auch wenn keine tatsächliche Gefahr vorhanden ist. Und es versetzt dich zudem in die Lage, jederzeit deine eigene Stimmung bestimmen zu können.

Dennoch sollten wir lernen, uns neben dem lauten Innengefühl auch dem leisen Außengefühl auszusetzen und vor allem zu erkennen, aus welcher der beiden „Ecken" unsere Gefühle gerade kommen.

Dieses Außengefühl erlebst du als Intuition.[89] Es ist absolut zuverlässig und dein idealer Ratgeber in allen Lebenslagen. Es ist deine innere Stimme, die von den Dingen außerhalb von dir

---

89 siehe AWDW, 22. Regel: *Folge deiner Intuition*

berichtet. Dein Außengefühl ist wie ein hochsensibler Fühler, mit dem du dein Außen, deine Umgebung, ununterbrochen „scanst".

Wenn du bei einer Entscheidung ein mulmiges Gefühl bekommst, obwohl dir dein Verstand mit den besten Argumenten zurät, dann höre auf diesen deinen Fühler, und schicke deinen Verstand zum Rechnen und Vergleichen. Das kann er gut. Denn nur dafür ist er da.

Das Tu was du willst-Prinzip ist daher im Kern ein Tu was du **Fühlst**-Prinzip.

Folge deinem guten Gefühl. Höre auf dein schlechtes Gefühl.

Richte deinen Schritt zu den Dingen hin, bei denen du dich besser fühlst. Es sind die für dich richtigen Dinge.

Gutfühlen ist Mögen – aus dem ein jedes Vermögen, wie du weißt, erwächst. Deswegen kann eine Ersatzhandlung oder Sucht niemals deine Suche ersetzen. Denn spätestens *nach* der Einnahme von Drogen, nach dem übermäßigen, ausschweifenden „Genuß" von Alkohol, Zigaretten, Tabletten, nach zu viel Essen, Spielen, Sex und was auch immer – fühlst du dich *schlecht*.

Wenn du dich schon während oder nach einer Handlung schlecht(er) fühlst, dann solltest du *auf* dieses Gefühl *hören* und die Handlung seinlassen.

Aufhören ist ein AUF dich HÖREN.

Also: Höre auf (dich) – bevor du dich noch daran gewöhnst, bevor es zu spät ist, sonst sagst du *ja* und meinst wieder *nein*. Und die dich nach unten ziehende Spirale dreht sich schneller und schneller.

Die Gegenbewegung ist die dich aufwärts ziehende Spirale. Sie führt dich deiner Lebensaufgabe zu.

Sobald du deine Lebensaufgabe kennst und ihr folgst, kannst du gar nicht anders als dich – mit jedem Schritt darauf zu – immer besser und besser zu fühlen.

Denn damit folgst du auf Schritt und Tritt dem guten Gefühl in dir.

Es ist dein untrüglicher Fühler.

Quintessenz der 15. Einsicht:
Dein Gefühl ist dein untrüglicher Fühler

1. Logik kann dich in die Irre führen. Gefühle hast du nicht zufällig.
2. Dein *Außengefühl* bildet eine zusammenfassende Sicht dessen, was um dich ist. Dein *Innengefühl* ist die chemische Reaktion auf deine bewußten und unbewußten, programmhaften Gedanken. Lerne zwischen beiden zu unterscheiden.
3. Das TU WAS DU WILLST-Prinzip ist im Kern ein TU WAS DU FÜHLST-Prinzip. Wo du dich gut fühlst, dahin gehe. Wo du dich schlecht fühlst, davon bleibe fern.
4. Dein *Außengefühl* oder Intuition entsteht durch unmittelbare Anschauung, nicht durch Denken. Daran kannst du beides voneinander unterscheiden. Hast du ein bestimmtes Gefühl erst, **nachdem** du dir Gedanken über etwas gemacht hast, handelt es sich um ein selbstgemachtes *Innengefühl*. Hast du ein Gefühl zu einer Situation unmittelbar **ohne** vorangegangenes Darüber-Nachdenken, handelt es sich um ein *intuitives* Außengefühl.
5. Ob nun Außen- oder Innengefühl: vertrau ihm lieber einmal mehr als einmal zu wenig.

16. Einsicht: Folge dem Regenbogen

Der altgriechische Arzt HIPPOKRATES (auf den der berühmte Eid der Mediziner zurückgeht) hat einmal sinngemäß gesagt: „Ob etwas heilt oder giftig ist, ist allein eine Frage der richtigen Dosierung." Wahre, ja weise Worte, die sich nicht nur in der Medizin und beim Verabreichen von Medikamenten anwenden lassen, sondern nahezu überall.

Trinkst du zu wenig Wasser, verdurstest du. Trinkst du zu viel, ertrinkst du.

Gehst du nie in die Sonne oder zumindest ans Tageslicht, fehlt dir *Licht* als wichtige Quelle der Energie und deines Wohlbefindens. (Die bekannte Winterdepression vieler Menschen ist zu einem beachtlichen Teil auf Lichtmangel und zum anderen Teil auf falsche Ernährung zurückzuführen.) Gehst du dafür zu lange in die Sonne, verbrennt dein Fleisch.

Ißt du zu wenig, verhungerst du. Ißt du zu viel, kann dein Skelett dein Gewicht eines Tages nicht mehr tragen und bricht zusammen. Dein Herz gibt auf, diesen Koloß weiterhin noch mit Blut versorgen zu wollen, und du stirbst.

Bewegst du dich so gut wie gar nicht, leidest du unter Muskelschwund. Bewegst du dich zu viel (z. B. als Hochleistungssportler), ist dein Körper ebenfalls viel früher anfälliger und kränker, als es deinem Alter entspricht.

Das rechte Maß liegt also immer irgendwo in der Mitte. Nur wo genau?

Es gibt ein Maß, das im Universum so häufig vorkommt wie kein anderes. Die gesamte Schöpfung scheint regelrecht verrückt danach zu sein. Sie findet in unzähligen Variationen Gefallen an diesem Spiel. In immer neuem Gewand präsentiert sie uns dieses Maß.

Ich spreche vom „Goldenen Schnitt".

In der Geometrie, der Gestaltung und in der Architektur ist der sogenannte Goldene Schnitt ein seit langem bekanntes und angewandtes Schönheitsideal. Gebäude, Fenster, Türen, Höfe, Flächen, Gärten – wir empfinden sie als harmonisch, wenn sie dieser Teilung[90] unterliegen.

Aber nicht nur dort wirkt der Goldene Schnitt auf uns als „schön", auch in sämtlichen Künsten – zum Beispiel in der Musik (im Verhältnis der Töne zueinander und im Instrumentenbau), in der Malerei und ihrer jüngeren Schwester, der Fotografie. Er begegnet er uns immer dann, wenn wir die Musik oder das Bild mögen.

In der Mathematik sind es die geheimnisvollen FIBONACCI[91]- Zahlen, die uns der Goldene Schnitt präsentiert.

Auch dein eigener Körper ist von der Natur nach dem Goldenen Schnitt entworfen worden. All deine Maße liegen nahe am Zahlenverhältnis des Goldenen Schnitts. Je näher deine Körperproportionen und deine Gesichtszüge sich diesem Zahlenwert angleichen, desto attraktiver wirkst du auf andere.

---

90 Die Definition lautet: Der Goldene Schnitt ist die Teilung einer Strecke in zwei Abschnitte, deren kleiner sich zum großen verhält wie der große zur ganzen Strecke. Man nennt ihn auch „stetige Teilung". Das Zahlenverhältnis ist 1 : 1,618 oder 3 : 5.

91 Italienischer Mathematiker des 16. Jahrhundert. Jede Zahl ist die Summe ihrer beiden unmittelbaren Vorgängerinnen: 1, 1, 2, 3, 5, 8, 13, 21, 34, 55, 89, 144, ... (Dabei ist die 144 gleich „drei Mal 12": zum einen das Produkt aus 12 x 12, zum anderen ist es die 12. Fibonacci-Zahl.)

Selbst im ganz Kleinen – im Mikrokosmos – bist du sozusagen aus dem Goldenen Schnitt aufgebaut. Im Internet fand ich die Bestätigung durch einen entsprechenden Hinweis des Biologen KLAUS FRISCH, der schon 1992 schrieb: „In der Doppelhelix des genetischen Kodes ist die Proportion des Goldenen Schnittes verborgen."[92]

Doch nicht nur im Mikrokosmos, sondern auch auf der makrokosmischen Ebene ist der Goldene Schnitt *all*-gegenwärtig. So ist unser Sonnensystem vollständig nach dem Goldenen Schnitt aufgebaut. Jeder einzelne Planet (einschließlich des zerstörten zwischen Mars und Jupiter, der jetzt als Asteroidengürtel bezeichnet wird) zieht *dort* seine Bahn, wo er sie nach dem Goldenen Schnitt ziehen *muß*. Und vergleichst du die Umlaufzeiten der einzelnen Planeten um unsere Sonne, so sind diese Zeiten exakt im Verhältnis des Goldenen Schnittes zueinander verteilt.[93] Wie ich immer sage: Es gibt keinen Zufall.

In der Chaosforschung hat man den Goldenen Schnitt sogar schon als „letzte Bastion der Ordnung im Chaos" bezeichnet, weil er sich auch im Chaotischsten als *Stabilisierungsfaktor* zeigt. Er hält auf noch unerklärliche Weise das Universum stabil.

Halten wir fest: Je mehr etwas vom Goldenen Schnitt abweicht, desto unharmonischer und unästhetischer wirkt es auf uns.

Je mehr es sich wiederum dem rechten Maß annähert, desto mehr sind wir davon angetan und finden es schön. Schau dir eine Rose an, und du weißt genau, was ich meine.

---

92 erwähnt unter: www.home.t-online.de/home/astro-uni
93 Mach' dir einfach mal den Spaß und suche im Internet unter dem Stichwort „Goldener Schnitt": Du wirst staunen, wie oft und wo er uns überall begegnet.

Was hat das alles mit dir zu tun? Warum ist der Goldene Schnitt – das rechte Maß – so wichtig für dich?

Nun, wenn du dich ab und an in einem persönlichen Chaos wiederfinden solltest, dann erlebst du dieses Chaos nur, *weil* dein rechtes Maß für die Dinge verloren ging. Der Stabilisierungsfaktor fehlt. Anders ausgedrückt: Du wirst so vom Universum ab und an direkt aufgefordert, deine Lebensverhältnisse neu zu mischen – idealerweise nach dem Goldenen Schnitt, um neue Stabilität zu gewinnen.

„Soll ich mich jetzt etwa", fragst du dich vielleicht irritiert, „mit einem Taschenrechner und Metermaß hinsetzen und bei allem und jedem nach dem Zahlenverhältnis von 1 zu 1,618 fahnden?"

Selbstverständlich nicht. Den Goldenen Schnitt findest du viel leichter und einfacher. Er ist eine Art universelles Leuchtfeuer, zerstoben in Myriaden von winzigen Flämmchen, die du überall finden kannst, wenn du danach suchst.

Ob nun im Sonnensystem, wo die Planeten immerhin seit Milliarden von Jahren ihre Bahn ziehen, oder in den Zellkernen, wo die Doppelhelix der DNA das Leben selbst seit Anbeginn am Leben erhält.[94] Der Goldene Schnitt ermöglicht mit seinem Auftreten offenbar eine höhere Stabilität.

Dieses ideale Mischungsverhältnis ist im Universum überall dort vorhanden, wo du hinschaust (und hinhörst) und sagst:

„Das ist schön!" – „Das mag ich!" – „Das gefällt mir!"

Wie du es nennst, ist egal. Faszination, Anziehungskraft, Harmonie, Ästhetik, Schönheit, Mögen, Liebe – wo auch immer du

---

[94] siehe Seite 44 und den dortigen Literaturhinweis auf das Buch „Vernetzte Intelligenz", ebenfalls im Omega-Verlag erschienen

diese Dinge wahrnimmst, liegt ihnen stets die tiefere Wahrheit des Goldenen Schnittes zugrunde.

Es ist wirklich ganz leicht, ihn zu entdecken. Entwickle deinen Sinn für Schönheit[95] neu, und betrachte in deinem Alltag verstärkt alles, was dir schön erscheint. Dann gehe darauf zu. Und nimm dir Zeit, um das Leuchten der Schönheit in dich aufzunehmen.

Das ist alles. Du brauchst keine Wunder zu vollbringen, um die Verbindung mit dem Universum zu spüren, brauchst keiner Gemeinschaft anzugehören oder komplizierte Riten zu befolgen. Sei einfach du selbst.[96]

Das TU WAS DU WILLST-Prinzip führt dich zuverlässig und mit Hilfe deines „Fühlers"[97] zu den für dich richtigen Schnittpunkten. Um den für dich richtigen Weg im Leben weitergehen zu können, ist es nur wichtig zu wissen, was du magst.

Als Mensch mit menschlichen Eigenheiten willst du manchmal zu viel oder das Falsche oder zu wenig. Wenn du das *Gefühl* hast, es geht nicht weiter ...

... dann mische es neu. Mische deine Ziele mit deinen *Möglichkeiten*. Laß ein bißchen mehr von TU WAS DU WILLST in deinen Alltag einfließen, zum Beispiel, indem du deine innersten Wünsche mit dem, was du vorgibst zu wünschen, neu mischst.

Das *rechte Maß* ist in letzter Zeit in unserer Kultur aus der Mode gekommen – bedauerlicherweise. Sieh dir nur viele der neueren Bauwerke in unseren Städten an, dann weißt du, was ich meine, und wenn du dich mit *Feng Shui* beschäftigt hast, erst recht.

In der Schule steht der Goldene Schnitt interessanterweise auch

---

95 siehe AWDW, 35. Regel: *Achte auf die Schönheit*
96 siehe AWDW, 33. Regel: *Sei du selbst*
97 siehe 15. Einsicht: *Dein Gefühl ist dein untrüglicher Fühler*

nicht mehr auf dem Lehrplan, obwohl man sich dort seiner Bedeutung (noch) bewußt zu sein scheint – schade. JOHANNES KEPLER[98] hat einmal gesagt: „Die Geometrie birgt zwei große Schätze: Der eine ist der Satz von Pythagoras, der andere ist der Goldene Schnitt. Den ersten können wir mit einem Scheffel Gold vergleichen, den zweiten können wir ein kostbares Juwel nennen."

Mäßigung kommt im heutigen Sprachgebrauch nur *mäßig* weg. Wie so oft verstehen wir die richtigen Hinweise falsch. Dabei will uns die Forderung „mäßige dich" nur auf das rechte Maß hinweisen, wie zum Beispiel im TU WAS DU WILLST-Prinzip mit dem Zusatz „zum Wohle aller".

Oder in der 14. Karte des Tarot. Dort wird eine Figur gezeigt, die aus zwei Gefäßen etwas mischt. Auf alten Vorläufern der Tarot-Karten wird diese Figur mit der griechischen Göttin *Iris* gleichgestellt. Deren Symbol war der Regenbogen (eine Mischung aus Wasser und Licht). Seit alter Zeit symbolisiert dieser *das wahre Selbst*. Deswegen ist der wahre Schatz am Ende des Regenbogens immer das eigene Lebensglück, nie nur ein funkelnder Topf mit Gold. Geld allein macht nicht glücklich.

Iris nennen wir „zufälligerweise" auch das Fenster in deinen Augen, durch die das Universum neugierig auf sich selbst blickt.

„Um was immer wieder sehen zu wollen?" fragst du.

Den Goldenen Schnitt.

Den Regenbogen.

Dein Glück.

Na los.

---

98 ein deutscher Mathematiker und Astronom (1571-1630)

Quintessenz der 16. Einsicht:
Folge dem Regenbogen

1. Wie etwas wirkt, ist immer abhängig von der Dosierung, also von der Mischung oder dem rechen Maß.
2. Die gesamte Schöpfung ist ver-rückt nach einem bestimmten Maß. Es ist der Goldene Schnitt. Keine andere Zahlenkonstellation kommt im Universum so häufig vor.
3. Ob die Planeten des Sonnensystems oder die Doppelhelix des genetischen Kodes: im Makro- wie im Mikrokosmos „baut" das Universum auf den Goldenen Schnitt. Er wirkt als *Stabilisierungsfaktor*.
4. Wir Menschen empfinden den Goldenen Schnitt unbewußt als harmonisch, ästhetisch, schön. Wir mögen ihn, wo immer er auftritt.
5. Wenn wir unserem Mögen folgen, folgen wir damit dem Goldenen Schnitt. Je intensiver wir dies tun, desto *stabiler* wird unser Leben. Der Regenbogen stand in alter Zeit (als Symbol der Göttin Iris) für dieses Schöne.

17. Einsicht: Geduld ist der Schlüssel zur Freude

Du kannst wohl keine Abhandlung zum Thema „Leben" aufschlagen, ohne nicht früher oder später auch auf den Bereich *Geduld* zu stoßen.

Darum fasse dich (in Geduld). Ich komme auch nicht ganz darum herum. Aber, wie heißt es doch so schön: Die Zeit arbeitet für die Geduldigen. Also: Laß sie arbeiten und lies einfach weiter ...

Geduld ist eine Tugend, heißt es.

Tugend bedeutete ursprünglich nichts anderes als „Tauglichkeit, Kraft, Vortrefflichkeit". Der Begriff bezeichnete eine Eigenschaft, die etwas taugte, die einem einen Vorteil verschaffte. (Den sittlichen Anstrich der Tugend als das Gegenteil von „Laster" gaben ihm erst die Christen.)

Geduld taugt also zu etwas, verschafft dir einen Vorteil. C. G. JUNG, dem wir auch den Begriff der Synchronizität[99] verdanken, formulierte augenzwinkernd: „Der Teufel läßt sich am besten mit der Geduld schlagen, denn er hat keine."

Wenn du etwas duldest, denn akzeptierst du dieses Etwas für einen längeren Zeitraum. Du sagst *ja* dazu. Das ist das Wesen einer jeden Geduld. Wenn du keine Geduld hast, bist du ungeduldig. Wenn du ungeduldig bist, heißt das, du kannst das Eintreten eines Ereignisses nicht mehr erwarten.

---

99 Schlüsselbegriff in den „Celestine"-Büchern von James Redfield, siehe Literaturverzeichnis.
siehe auch die 18. Einsicht: *Du spielst die Hauptrolle in einem Stück namens „Ich"*

Geduld ist also die Fähigkeit, etwas zu erwarten. Demzufolge ist Ungeduld die UNfähigkeit, etwas zu erwarten.

Wenn Geduld eine Tugend ist, ist Ungeduld eine Untugend. Das eine taugt etwas, das andere nicht. Das eine verschafft dir einen Vorteil, das andere einen Nachteil. Unsere Symbole für Vorteil und Nachteil sind das Plus- und das Minuszeichen.

Auf die Realisierungsformel, die ich in „Alles was du willst" hergeleitet habe[100], wirkt sich dieser Effekt deshalb wie folgt aus:

Aus $R = E^2 A L$

(**R**ealisierungsgrad = **E**rwartung^2 x **A**ktion x **L**oslassen)

wird

$R = -(E^2) A L$

oder, umgewandelt

$-R = E^2 A L$

Deine Realisierungswahrscheinlichkeit wird negativ,
d. h. das *Gegenteil* deiner Erwartung tritt ein.

Die mir am häufigsten gestellte Frage in den vielen Leserbriefen lautet:

„Was soll ich tun? Was mache ich bloß falsch? Immer wenn ich etwas ganz fest erwarte, passiert entweder gar nichts, oder es geschieht das Gegenteil."

---

100 siehe AWDW, 30. Regel: *Wende die Realisierungsformel an*

Wenn dir das auch schon widerfahren (also gegen dich gefahren) ist, laß mich dich fragen: Was soll denn sonst passieren? Es kann doch gar nichts anderes geschehen.

Wenn du etwas *ganz fest* erwartest, sagt doch schon die Formulierung, wie fest du dich an deine Erwartung klammerst. Festhalten ist das Gegenteil von Loslassen.

Du sagst dir vielleicht: „Ich erwarte, wieder gesund zu werden." Oder: „Ich erwarte, diesen Job zu bekommen." Oder: „Ich erwarte, diese Frau oder diesen Mann als Partner zu gewinnen."

Und du erwartest „es" so stark, so fest, daß du jeden Morgen, jeden Mittag und jeden Abend daran denkst – zwischendurch natürlich auch.

Im *Gesundheitsfall* beobachtest du dich minutiös und haargenau, registrierst jedes Zwicken und fragst dich, ob das jetzt ein gutes oder ein schlechtes Zeichen war. Mit anderen Worten: Du hast ununterbrochen Zweifel, ob deine Erwartung des Gesundwerdens auch eintritt, und deshalb denkst du sicherheitshalber immer wieder daran, damit „die da oben", wer auch immer das ist, es auch ja nicht vergessen, daß und was du da erwartest. Zu allem Überfluß kannst du es kaum erwarten, daß „es" endlich so weit ist. (Wieso nur heißt *Patient* wohl ausgerechnet „der Geduldige"?)

Und dann wunderst du dich, wieso „es" nicht klappt?

Du säst Zweifel, Ungeduld und Festhalten und bekommst – bestenfalls eine verlängerte Genesungsphase, im Extremfall eine Verschlimmerung deiner *Beschwerden*. Logisch, denn du *beschwerst* dich ja mit deiner ununterbrochenen Drängelei. Dabei liegt doch in der Ruhe die Kraft.[101]

Im *Jobfall* sitzt du unruhig zu Hause, überfällst jeden Morgen den Briefträger, schleichst um dein Telefon und gehst jedem in deiner Familie auf die Nerven. Du denkst immer wieder an den Job und daran, daß „die da in der Firma" dir und niemandem sonst bitte den Job geben sollen.

Auch hier ist die Welt wieder, was du von ihr denkst.

Um denken zu können, daß „die da in der Firma" dir den Job geben sollen, mußt du gleichzeitig auf einer tieferen Ebene annehmen, es wäre sehr wohl möglich, daß sie es *nicht* tun. Sonst brauchtest du ja nicht zu denken, daß „die da in der Firma" dir den Job geben sollen. Du hättest einfach Geduld und würdest warten, bis „die da" dir Bescheid sagen. Tust du aber nicht. In deinen Gedanken gehst du statt dessen davon aus, es gäbe noch eine Reihe von Gründen, die gegen dich sprechen.

Und wieder wunderst du dich, wieso „es" nicht klappt? Du säst Zweifel, Ungeduld und Festhalten – und bekommst eine Minusrealisierung mit dem Text: „ ... wir bedauern, Ihnen mitteilen zu müssen ..." Du nimmst an, was du annimmst.[102]

Und im *Partnerschaftsfall* gilt das gleiche. Ich habe mittlerweile Tausende von Seminarteilnehmer/innen gefragt, wie sie ihren Lebenspartner gefunden haben. Nahezu alle meinten, das Zusammentreffen sei mehr oder weniger zufällig entstanden (wer's glaubt) und nicht als Ergebnis eines geplanten Vorgehens. Und sie waren sich einig: Die sicherste Methode, keinen Partner zu finden, sei es gewesen, mit dem Vorsatz „heute finde ich eine(n)" auf die nächste Party zu ziehen. Auch kein Zufall,

---

[101] siehe 12. Einsicht: *In der Ruhe liegt die Kraft*. Und warum, glaubst du, bist du überhaupt erkrankt? Du brauchtest Ruhe, wolltest sie dir aber nicht geben. Also hat dein Unterbewußtsein über deinen Körper für dich gehandelt. Schließlich will es dich schützen und unterstützen. Das ist seine Aufgabe.

[102] siehe 9. Einsicht: *Du nimmst an, was du annimmst*

denn du nimmst deine Zweifel, deine Ungeduld und dein Festhalten immer mit. Und nichts geschieht.

Ungeduld ist Kämpfen, ein Gegenankämpfen, mit den bekannten Begleitumständen. Du verlierst Energie, machst dadurch das, wogegen du ankämpfst, stärker. Deine Krankheit wächst. Deine Arbeitslosigkeit verlängert sich. Dein Single-Dasein dauert fort.

Loslassen ist der Schlüssel auch hier. Wenn du deine Erwartung so sehr losläßt, daß du gar nicht mehr an sie denkst, dann denkst du auch keine zweifelnden Gedanken mehr dazu. Wenn du deine Ungeduld losläßt, wandelt sie sich in Geduld.

Die größte Geduld hat zweifellos das Universum selbst. Es *ist* einfach. Es macht sich keine Gedanken über Zeit und Raum. Das tun nur wir, wenn wir ungeduldig sind. Grund ist unsere Begrenztheit in Zeit und Raum. Unsere Sterblichkeit macht uns alles endlich. Aus diesem Wissen (das nicht mal gesichert ist) erwächst unsere Ungeduld.

Die Glücksforscher wie der ungarisch-amerikanische Psychologe MIHAL CSIKSZENTMIHALYI[103] sagen, gerade die Momente höchsten Glücks wie das Flow-Erlebnis lassen uns Raum und Zeit vergessen.

Deine Ungeduld **verhindert** somit dein Glücksempfinden.

---

[103] Er entwickelte die „Flow-Theorie". Danach entsteht Flow (Fließen), wenn eine Tätigkeit als so erfüllend empfunden wird, daß äußere Reize wie Geld, Anerkennung und Macht kaum eine Rolle spielen. Wer den „Glücksfluß" erleben will, muß herausfinden, welche Beschäftigungen ihn faszinieren. Je öfter er diese in seinen Alltag einbaue, desto mehr steigere er seine Lebensqualität, lautet Csikszentmihalyis These. Meine lautet kürzer: Tu was du willst.
Kinder, die, ihre Umwelt (also Zeit und Raum) völlig vergessend, einfach vor sich hin spielen, erleben diese Flow-Zustände viel häufiger als wir. Wahrscheinlich ist das gemeint, wenn es in der Bibel heißt , daß zum Seligwerden gehöre, wieder wie die Kinder zu werden.

Glück und Geduld sind einander verwandter, als viele denken. Beide bewirken eine gewisse Unwichtigkeit von Raum und Zeit. Unwichtigkeit ist Un-Gewichtigkeit[104], also Erleichterung in *Indras Netz*. Glück und Geduld begrenzen sich beide nicht – weder durch Orte noch durch Termine.

WAYNE DYER warnt förmlich, indem er schreibt: „Wenn wir ungeduldig werden, entwerten wir buchstäblich uns selbst und unsere Verbindung zum ‚Universum'.[105] Ungeduld ist das Versagen, in die universale Intelligenz zu vertrauen, und sie impliziert, daß wir getrennt sind vom alles gebenden Geist."

Wenn du der Meinung bist, getrennt zu sein (von anderen, vom Geldstrom, von Ereignissen), lebst du in einer Illusion.[106] In einer Illusion ist nichts so, wie es wirklich ist. Du täuschst dich über die wahren Zusammenhänge hinweg. Jede Ungeduld erschafft diese Illusion. Sie wird sich irgendwann auflösen wie eine Seifenblase. „Pech gehabt", nennst du das dann, wenn eine deiner Illusionen zerplatzt. Pech ist nur ein anderes Wort für Unglück. Du siehst also: Ungeduld und Unglück sind ebenso eng miteinander verwandt wie Geduld und Glück. Ungeduld erzeugt stets einen Unglückszustand (oder Unzufriedenheit). Folglich muß im Umkehrschluß Geduld einen Glückszustand (oder Zufriedenheit) erzeugen.

Auch einem arabischen Sprichwort zufolge ist die Geduld der Schlüssel zur Freude. Umgekehrt ist demnach die Ungeduld der

---

104 Siehe 8. Einsicht: *Du ziehst an, was du suchst*

105 Wörtlich schreibt er „zu dem göttlichen Heiligen Geist"; ich setze hierfür „Universum" ein. Der US-Amerikaner Wayne Dyer ist Psychologe, Bestseller-Autor und Seminarleiter, dessen Buch „Manifest your Destiny: The Nine Spiriual Principles For Getting Everything You Want" (aus dem das Zitat stammt) bisher leider nicht auf deutsch erschienen ist.

106 siehe 2. Einsicht: *Wenn du dich getrennt fühlst, bist du gespalten*

Schlüssel zum Schmerz.[107] Denn bei allem, was wir tun, bewegen wir uns immer *weg* vom Schmerz und *hin* zur Freude.

Das TU WAS DU WILLST-Prinzip empfiehlt dir daher, **genau das** immer häufiger zu tun, was in seiner gesteigertsten Form für dich zum Flow-Erlebnis, zu *dem* Glücksempfinden wird.

Auch wenn's mal wieder etwas länger dauert ...

Geduld ist niemals eine Last und immer eine Freude – wenn du die Zeit, in der du wartest, mit dem verbringst, was du am meisten magst.

---

107 siehe AWDW, 8. Regel: *Alles, was du tust, machst du aus einem einzigen Grund*

Quintessenz der 17. Einsicht:
Geduld ist der Schlüssel zur Freude

1. Geduld ist die Fähigkeit, etwas zu erwarten. Ungeduld ist die UNfähigkeit, etwas zu erwarten.
2. Die Realisierungsformel $R = E^2 A L$ wird zu $R = -E^2 A L$ oder, umgewandelt, zu $-R = E^2 A L$. Das Minuszeichen besagt: Deine Realisierungswahrscheinlichkeit wird negativ, d. h. das *Gegenteil* deiner Erwartung tritt ein.
3. Glück und Geduld sind in ihren Wirkungen auf uns, insbesondere was das *Nicht-Empfinden* von Zeit betrifft, miteinander verwandt. Deine Geduld wird erst zur Last, so*bald* du die Zeit empfindest. Dann aber bist du bereits ungeduldig.
4. Das Universum ist Geduld pur. Es hat alle Zeit der Welt.
5. Wenn du etwas nicht erwarten kannst, denkst du *dauernd* daran. Dadurch verlängerst du die *Dauer* bis zum Eintreten, im Extrem bis zum Nicht-Eintreten.

18. Einsicht: Du spielst die Hauptrolle in einem Stück namens „Ich"

Stelle dir dein Leben einmal *verdichtet* vor: als Theaterstück auf der Bühne des Lebens.

Das Stück heißt „Ich" und handelt von dir und deinem Leben. Der Autor warst du selbst (vor deiner Wiedergeburt). Die Regie liegt ebenfalls in deinen Händen. Folgerichtig hast du dich selbst für die Hauptrolle engagiert[108] und eine ganze Reihe von wichtigen Nebenrollen und unzählige Statisten besetzt.

Jetzt stelle dir weiter vor, alle Schauspieler (einschließlich dir selbst) hätten kurz vor Beginn des Stücks ihren Text und den Inhalt einfach *vergessen*. Wohl sind alle pünktlich zu ihrem Auftritt anwesend, aber alle tapsen mehr oder weniger ahnungslos über die Bühne.

Glücklicherweise hast du vor Beginn des Stücks daran gedacht, *Souffleure*[109] zu engagieren, die Teile des Textes und des Inhalts genau kennen.

Während der gesamten Aufführung wechseln sie einander ab. So ist immer eine(r) *präsent*, um in jeder Situation Hilfestellung geben zu können. (Bitte beachte das Wort PRÄSENT: Das ist ein

---

108 „Engagiert" hat eine dreifache Bedeutung, die wir oft übersehen: Es hat 1. mit einem Lohn zu tun, der *Gage*; es weist 2. auf eine starke innere Anteilnahme oder Begeisterung hin, das *Engagement*; und 3. enthält es im Kern den Gedanken an Spaß und Freude, den aus dem Englischen bekannten *Gag*.

109 Französisch „Zuflüsterer"

lateinisches Wort, das wir sowohl mit *gegenwärtig* als auch mit *Geschenk* übersetzen. Nimm mal an, du würdest das tatsächlich wörtlich nehmen ... Die Gegenwart als Geschenk zu betrachten[110] hieße ja dann, der Gegenwart mehr Aufmerksamkeit zukommen zu lassen als bisher, nicht wahr? Da das, worauf du deine Aufmerksamkeit richtest, wächst, würde somit die Gegenwart für dich gewichtiger werden, mehr Gewicht und Wichtigkeit bekommen, wert-*voller* werden als bisher.)

Dabei sitzen deine *Souffleure* nicht in einem Kasten, sondern schlendern geschickterweise (von dir nämlich) unauffällig wie Statisten über die Bühne.

Die *Aufführung* beginnt. (Ein Begriff, den du auch als FÜHRUNG AUF deine Lebensaufgabe hin deuten kannst.)

Eine gewisse Zeit – so bis zum 24. Lebensjahr herum – vergeht, bis du überhaupt bemerkst und (vielleicht sogar) verstehst, was los ist: nämlich daß dir weder Text noch Sinn deines Stücks bekannt sind, eben weil du beides vergessen hast.

Während du jetzt orientierungslos von einer Bühnenseite zur anderen gehst, begegnen dir immer wieder Figuren deines Stücks. Dummerweise hast du natürlich auch vergessen, *daß* sie Teile deines Stücks sind, und deswegen erkennst du sie nicht; so wie auch *sie* vergessen haben, daß du Teil ihres Stücks bist. Ihr redet miteinander, trennt euch, begegnet euch erneut, seht euch nie wieder.

Manche dieser Begegnungen aber unterscheiden sich von den anderen. Es scheint, als hätten sie einen tieferen Sinn. Wenn du zuhörst, sagen sie dir ganz erstaunliche Dinge. Es sind immer

---

110 BETR•ACHTEN = die BETR•effenden Hinweise •ACHTEN

Informationen, die dir weiterhelfen. Kein Wunder, denn du begegnest den *Souffleuren* ...

In unserem Modell vom Theaterstück ist dir ihre Funktion schnell klar. Dank der Souffleure hast du eine Chance, den nächsten Handlungsabschnitt deines Stücks einigermaßen sinnvoll über die Bühne zu bringen.

Kehren wir zu deinem tatsächlichen Leben zurück. Im wirklichen Leben begegnest du den *Souffleuren* nämlich auch. „Wie bitte?" fragst du.

Aber klar. Du hast es selbst schon erlebt ...

Da denkst du an jemanden, und kurz darauf (meist binnen 48 Stunden, manchmal nur wenige Minuten später) ruft er an.

Oder: Dein Blick fällt auf eine dir völlig unbekannte Person. Aus irgendeinem Grunde *bemerkst* du sie. Es kommt zu einem plötzlichen Augenkontakt, der ähnlich wie ein Erkennen auf dich wirkt. Noch am gleichen Tag begegnest du dieser Person vielleicht sogar noch ein zweites oder gar drittes Mal.

Oder: Du benötigst eine bestimmte Information, und unerwarteterweise triffst du jemanden, der genau diese Information bereithält, die du jetzt brauchst.

Wenn du jetzt die *Gegenwart* dieser Person oder Situation als *Geschenk* ansähest, dann würdest du deine Aufmerksamkeit darauf richten und die Botschaft, die in der Person oder der Situation auf dich wartet, entgegen[111] nehmen.

Aber – das tust du normalerweise nicht. Du wunderst dich zwar über solche „Augenblicke", aber du handelst nicht.

---

[111] Die Botschaft ent•GEGEN nehmen, die in einer Person oder Situation auf dich WART•et ... das ist GEGEN•WART, die zugleich ein Geschenk für dich beinhaltet.

Du sprichst die Person – den Souffleur oder die Souffleuse – gar nicht an (und bekommst deswegen auch ihre Botschaft nicht).

Du fragst dich eben nicht, warum du das jetzt gerade erlebst, zum Beispiel, wieso dein Auto, das sonst absolut zuverlässig ist, gerade heute nicht anspringt, weswegen du den Bus nehmen mußt. Und in dem sitzt nur an diesem Tag und zu dieser Stunde eben jener bezaubernde junge Mann, den du sonst nie kennengelernt hättest.

Du denkst eben nicht darüber nach, wieso in dem Restaurant nur noch ein Platz frei ist. Und ehe du dich zu dem einsamen Mann mit an den Tisch setzt, wechselst du lieber das Restaurant. Dabei sucht jener Herr dort händeringend nach einer Mitarbeiterin – für einen Job, der genau dein Traumjob wäre, wenn ihr nur ins Gespräch gekommen wäret.

Diese seltsamen Zufälle – die Ereignisse, die dir zufallen – nannte der Schweizer Psychiater CARL GUSTAV JUNG *Synchronizitäten*. Er begann damit, solche „zufälligen" Begebenheiten als Phänomene einer anderen Weltordnung zu betrachten.

JAMES REDFIELD macht dich in seinen außergewöhnlichen „Celestine"-Romanen immer wieder mit solchen Synchronizitäten und ihrem Wirken bekannt – Ereignisse, die er auch *Fügungen* nennt, weil eins sich zum anderen fügt und perfekt paßt.

Wenn wir darauf achten. Wenn!

Synchronizitäten wahrzunehmen heißt,
sie zugleich *für wahr* zu nehmen. Wenn du dich von
ihnen leiten läßt, enthüllen sie nach und nach deine
Lebensaufgabe.

„Synchronizitäten", schreibt die Autorin CAROL ADRIENNE[112] in ihrem Buch „Erkenntnis und Zufall", „sind Kräfte, die in Raum und Zeit zusammenkommen und das bereitstellen, was benötigt wird. (...) Wenn wir mit unserer Lebensaufgabe in Übereinstimmung kommen wollen, ist es notwendig, diese katalysierenden Ereignisse zu erkennen und uns ihnen zu öffnen. (...) Synchronizitäten scheinen externe Antworten auf einen internen Seelenzustand zu sein. (....) Der Betreffende empfindet die Begebenheit als besonders, unerwartet oder unerklärlich im Rahmen des normalen Denkens von Ursache und Wirkung."

Noch ein Beispiel: Du stehst an einer Weggabelung und sollst dich für einen der beiden Wege entscheiden. Einer ist groß und breit, der andere weicht vom Hauptweg ab und scheint ins Dickicht zu führen. Und doch wirkt dieser zweite Weg anders auf dich. Er scheint zu leuchten, irgendwie heller zu sein, irgendwie freundlicher.

Wiederum erlebst du eine Synchronizität, diesmal eine aus dir selbst heraus wirkende.

Jeder andere würde wahrscheinlich auf dem Hauptweg bleiben. Aber du, mit deinen Anlagen, Vorlieben, augenblicklichen Erfahrungen und deinem Wissen, kurz: du mit deinen einmaligen, nur in deiner Person vorhandenen Filtern, durch die du diese Welt betrachtest, *du* bist in der Lage, dieses Leuchten zu sehen – und kannst ihm nachgehen.

In der Großstadt überkommt dich vielleicht überraschend das Gefühl, einmal von deinem gewohnten Weg abzuweichen und eine Nebenroute zu wählen. Auch dieses Gefühl hast du nicht umsonst, nicht grundlos. Es ist dir zugefallen, wenn du es als

---

[112] die Co-Autorin der Handbücher zu den „Prophezeiungen von Celestine"

etwas Besonderes, aus dem Alltag Herausragendes, empfindest. Wenn du ihm nicht nachgibst, wirst du nie herausfinden, ob sich darin nicht ebenfalls eine Synchronizität mit wichtiger Botschaft verbirgt.

Wenn du dem folgst, was dir – aus welchem Grund auch immer – *attraktiver* oder als *besonders, unerwartet* oder *unerklärlich* erscheint, folgst du den für dich bestimmten Fügungen, deinen Synchronizitäten.

Mit dem TU WAS DU WILLST-Prinzip machst du genau dies:

Du tust, was dir attraktiver erscheint.

Du achtest darauf, wann dir deine *Souffleure* begegnen.

Du lernst, sie zu erkennen und darauf zu hören, was sie dir zu sagen haben.

Die so erhaltenen Botschaften sind so wichtig! Und sie erleichtern dein Leben wie nichts auf der Welt.

Überlege einmal: Welche Kette von Fügungen hat dazu geführt, daß du jetzt genau diese Seite liest?

Quintessenz der 18. Einsicht:
Du spielst die Hauptrolle in einem Stück namens „Ich"

1. Die Gegenwart als Geschenk zu nehmen heißt, ihr mehr Aufmerksamkeit zu schenken, sozusagen als Gegengeschenk.
2. Nur wenn du aufmerksam bist, erkennst du die *Souffleure*, wenn sie dir begegnen. Sie helfen dir weiter, wenn du in Text und Inhalt deines „Stücks" nicht weiter weißt.
3. Du erkennst sie an ihrem Auftritt als *Synchronizitäten*. Als Kräfte, die in Raum und Zeit zusammenkommen und das bereitstellen, was (von dir) benötigt wird.
4. Du *empfindest* bei ihrem Auftritt die Begebenheit als sonderbar, unerwartet oder unerklärlich im Rahmen des normalen Denkens von Ursache und Wirkung. Das gleiche gilt, wenn dir plötzlich Orte, Wege oder andere geographische Merkmale auffallen und dir *attraktiver* erscheinen als andere. Dann erlebst du eine Synchronizität aus dir selbst heraus.
5. Wenn du dich von den Synchronizitäten oder *Fügungen* leiten läßt, enthüllen sie dir nach und nach deine Lebensaufgabe.

19. Einsicht: Gib dir keine Mühe

Ja, du hast richtig gelesen. Denn wenn du dir Mühe gibst, strengst du dich an. Wenn du dich anstrengst, fängst du an, streng zu werden – streng zu dir selbst (und darüber hinaus zu anderen).

Je strenger, desto unangenehmer. Die wenigsten sind gerne Sklaven. Und wenn du kein Spartaner bist (die Strenge vor Jahrtausenden einmal zum Ideal erhoben hatten, aber damit langfristig scheiterten), dann ist dir das Leichte immer angenehmer als die Anstrengung. Denn dank deiner Grundprogrammierung strebst du immer fort vom Schmerz und hin zur Freude.[113]

Du hast es vielleicht selbst erlebt: Eine strenge Erziehung ist das Gegenteil von einer liebevollen Erziehung. Der elterliche Satz „Kind, streng' dich gefälligst mehr an!" entfachte bei dir selten Begeisterung. Er erinnerte dich allenfalls an die Angst vor den Konsequenzen. Er schüchterte dich ein – mit gutem Grund. Denn Strenge kommt von *Strang*.

Und ein Strang erweckt in uns unwillkürlich

> R•*ichtige* ANGST.

Wie das? Wenn du dich schon einmal mit Anagrammen[114] beschäftigt hast, siehst du es auf den ersten Blick.

---

113 siehe AWDW, 8. Regel: *Alles, was du tust, machst du aus einem einzigen Grund*

114 Anagramm = versetzt angeordnete Buchstaben eines Wortes, vergleiche dazu auch die 11. Einsicht: *Gehe rückwärts aus dem Nebel*

Für die anderen möchte ich es kurz zeigen. Die Botschaften und Bedeutungen, die Anagramme in den Worten unserer Sprache enthüllen, ist für mich jedesmal wieder faszinierend.

Verrücke in unserem

ST·R·ANG

das ST einmal ans Ende und du erhältst

R·ANG· ST.

Das R könnte dann als Abkürzung für ein Wort mit „r", zum Beispiel „reine" oder „riesige" oder „richtige" stehen.

Also reine oder riesige oder richtige Angst.

Ver-rückt, nicht wahr? Anagramme geben oft den Blick frei für einen verborgenen Wortsinn, den wir im ursprünglichen Wort zwar unterschwellig ahnen, aber selten klar sehen.[115]

Zurück zu unserem Strang. Er ist ein alter Begriff und bedeutet „zusammengedrehter Strick"– mit dem du geschlagen werden kannst oder mit dem du dich (im übertragenen Sinn) herumschlägst.

Wenn du einen Strick zusammendrehst, wird es eng (das ist letztendlich der Sinn von strangulieren). Und *Enge* ist das Be-

---

115 Probiere es mal mit deinem eigenen Namen und frage dich, ob nicht schon in deiner Namenswahl ein Hinweis auf deine Lebensaufgabe verborgen liegt. Nomen est Omen! Für eine eingehendere Beschäftigung mit Anagrammen empfehle ich dir das Buch von CARMEN THOMAS „Das Anagramm-Geheimnis – Vom Sinn und Hintersinn im Namen", siehe Literaturverzeichnis

deutungskernwort in *Angst*, weswegen du dich so oft anstrengst, sobald du Angst hast, nicht genug zu leisten.

Nicht genug zu leisten heißt gleichzeitig, Angst vor Minderwertigkeit zu entwickeln. Angst vor Minderwertigkeit ist ein Angriff auf dein Selbstwertgefühl. Das wiederum bedeutet Streß für dich.[116] Deswegen sind die meisten Menschen, die sich oft anstrengen, selten die gesündesten.

Angst ist die Abwesenheit von Liebe. Anstrengung ist die Abwesenheit von Mögen.

Nahezu alle Erfindungen werden gemacht, um sich in Zukunft weniger anstrengen zu müssen. Unser gesamter Fortschritt läuft seit der Zeit der Jäger und Sammler darauf hinaus, mit immer weniger Kraftaufwand noch bessere Ergebnisse zu erzielen, die Mühe jeden Tag Stück für Stück zu verkleinern. Also auch hier die Bewegung weg vom Schmerz und hin zur Freude.

Warum glauben viele Menschen dennoch, nur durch Anstrengung könnten sie zum Erfolg kommen? Weil sie es häufig genug ge*hört* haben. Ge*hört*est du auch einmal dazu?

Jede Anstrengung ist eine Kraft, die gegen eine andere Kraft wirkt – deine Muskeln zum Beispiel gegen die Trägheit einer Masse.

Jede Kraft erzeugt immer eine gleich große Gegenkraft, wie du sicher noch aus dem Physikunterricht weißt.

Das bedeutet: Je mehr du dich anstrengst, desto größer *wird eben durch deine Anstrengung* der Widerstand, den du überwinden mußt. Das ist, als würdest du beim Gasgeben gleichzeitig auf die Bremse treten.

So einen Blödsinn machst du nicht, sagst du?

---

116 siehe 6. Einsicht: *Erfolg ist das, was erfolgt, wenn du dir selbst folgst*

Na, ich wünsche es dir.

Nur, warum gibst du dir dann so oft Mühe? Weil ein anderer es von dir verlangt? Weil du es von dir selbst verlangst?

Siehst du es diesmal? *Weil du es von dir selbst verl•ANGST?*

A propos: Wenn du dir Mühe gibst – wer gibt da eigentlich wem die Mühe?

Es ist das gleiche wie beim Ärgern. Du ärgerst dich. Niemand sonst kann dich ärgern. Oder wie beim Beschweren. Du beschwerst dich – und bist hinterher beschwert, ja oft regelrecht niedergedrückt von der mentalen Last, die du dir selbst aufgebürdet hast.

Also: **Du** *gibst* dir die Mühe und *hast* sie deswegen anschließend auch. Sag' selbst: Ist das nicht der Gipfel der Sinnlosigkeit?

Das TU WAS DU WILLST-Prinzip empfiehlt dir: Sage so selten wie möglich *ja, wenn du eigentlich nein meinst.*

Denn Ja-Sagen und Nein-Meinen *ist* Anstrengung – wir drehen den Strang an. Und schaffen uns damit erst unsere Engen, die uns die Luft zum Leben und Atmen rauben.

Darum: Gib dir keine Mühe! Wenn etwas der Menschheit durch alle Phasen ihrer Entwicklung geholfen hat, hilft es auch dir. Das Prinzip ist seit Jahrtausenden erprobt.

Und so nutzt du es: Finde zunächst einmal heraus, was dich eigentlich anstrengt, und zwar so konkret wie möglich. Lege dir dafür ein Notizbuch zu, das du bequem überall hin mitnehmen kannst.

Das wird dein *Leichtigkeitstagebuch*. Notiere dir darin auf der linken, der Anstrengungsseite, alles was dich anstrengt. Auf der gegenüberliegenden rechten Buchseite notierst du deine Leichtigkeitsideen dazu, wie du diese konkrete Mühe aus deinem Leben entfernen könntest. (Stichworte genügen vollauf.) Notiere dir in einem anderen Abschnitt deines Buches ebenfalls, was jetzt schon so gut wie von selbst läuft. So bekommst du bald auch ein gutes Gefühl für die *reibungslosen* Dinge.

Denn Anstrengung ist Reibung. Erleichterung ist die Verminderung von Reibung und Sparen von Lebensenergie. Deine Freude beim Tun gleicht dem Schmieröl, ohne das unsere Maschinen uns unsere Arbeit gar nicht würden erleichtern können.

Dein **Mehr-Erfolg-mit-weniger-Mühe-Programm** besteht also aus diesen vier Schritten:

1. Wenn du dich bei etwas abrackerst – schreibe es auf.
2. Wenn dir eine Idee kommt, wie du dieses Etwas erleichtern kannst – schreibe sie auf.
3. Wenn du etwas locker hinbekommst – schreibe es auf.
4. Und dann fang an, die Dinge, die dir Mühe machen, durch die zu ersetzen, die du gut kannst und die dir leichtfallen.

Diese Methode kannst du auf alle Bereiche deines Lebens anwenden. Und sie funktioniert immer, bei jedem und überall.

Täglich ein bißchen weniger Mühe zu haben bedeutet auch, jeden Tag mehr Energie zu Verfügung zu haben für das, was für dich wesentlich ist, was deinem Wesen entspricht.

Mühelosigkeit entsteht durch Mögen, wie jedes Vermögen auch. Wenn du einen Beruf hast, den du liebst, brauchst du nie wieder zu arbeiten. Wenn du tust, was du willst, bist du innerlich im *Ja*.

Wann fängst du damit an? Sobald du Zeit hast? Sobald das Gröbste erledigt ist? Im kommenden Urlaub? Im nächsten Jahr? Im nächsten Leben?

Oder heute? Nachher? Jetzt?

Die Entscheidung liegt bei dir.

Quintessenz der 19. Einsicht:
Gib dir keine Mühe

1. Wenn du dich anstrengst, gibst du dir den Strick.
2. Wenn du dich anstrengst, bindest du Energie, die dir anderswo fehlt.
3. Anstrengung ist die Abwesenheit von Mögen. Folglich wird es dir sehr schwerfallen, durch Anstrengung ein Vermögen zu erwerben. Denn jedes Vermögen kommt von Mögen.
4. Führe ein *Leichtigkeitstagebuch*. Finde so konkret wie möglich heraus, was dich anstrengt. Notiere dir deine Ideen zur Erleichterung. Und finde heraus (und notiere es), was dir ohnehin leicht von der Hand geht. Und dann ersetze das Anstrengende durch das Leichte. Mache diese Übung bitte schriftlich und über einen gewissen Zeitraum von mindestens 21 Tagen. Im Kopf bist du nie so konkret wie auf dem Papier. Und im Kopf bleibt dir der Überblick versagt.
5. Fordere niemanden auf, sich anzustrengen (einschließlich dir selbst). Gehe mit gutem Beispiel voran und trage zur Erleichterung bei (einschließlich bei dir selbst). Das ist TU WAS DU WILLST *zum Wohle aller*.

20. Einsicht: Schau zurück in den Spiegel

Zurückschauen heißt im Lateinischen *re-spicere*, aus dem unsere eingedeutschten Worte „respektieren" und „Respekt" erwachsen sind. (Den „Spick"zettel kennst du gewiß auch.)

Respekt bedeutet „Achtung, Ehrerbietung", *respektieren* steht für „achten" und „anerkennen".

Warum mache ich diesen kleinen etymologischen[117] Sprachausflug mit dir?

Weil Respekt das *Schlüsselwort* ist für alles, was du willst.

> *Je mehr Respekt du hast*
> *– für die Dinge, die Wesen und die Personen,*
> *mit denen du dich umgibst und mit denen du umgehst –,*
> *desto andersartiger und wirkungsvoller*
> *ist die Beeinflussung, die von dir ausgeht.*

Das ist für viele, die sich ein respekt*loses* Verhalten angewöhnt haben, bestimmt schwer verdauliche Kost. Um es ganz deutlich zu sagen: TU WAS DU WILLST ohne Respekt **funktioniert nicht!** Es kann nicht funktionieren, weil du ohne Respekt gegen jede der 24 Universellen Einsichten und darüber hinaus gegen jede

---

117 Etymologie = Lehre von der Herkunft der Worte

der 36 Universellen Erwerbsregeln aus „Alles was du willst" verstößt.

Wie so oft verrät uns wieder die Sprache, in der wir uns verständigen und, wichtiger noch, in der wir *denken*, viel mehr, als wir an der Oberfläche zunächst sehen.

Laß uns also mal unter die Oberfläche schauen, indem wir es *unter*suchen.

Ob wir es nun aussprechen oder zeigen: Anerkennung oder Lob ist gelebte Liebe.

Du kannst es noch im schwedischen Wort für Lob erkennen: *lova*, das „für lieb halten, lieb nennen" bedeutet. Und du vermutest richtig, wenn du das englische *to love* (= lieben) als äußerst verwandt einstufst. Liebe aber ist die stärkste Kraft überhaupt. Darin sind sich alle Religionen und alle Philosophien einig. Und du und ich uns sicher auch.

Und um diese Kraft wird überall gerungen – zwischen Nationen ebenso wie zwischen einzelnen Lebenspaaren. Soziale Gruppen ringen untereinander genauso darum wie innerhalb der Gruppen deren einzelne Mitglieder.

Das ist sinnlos, weil jeder Mitkämpfer den oder die anderen durch das Kämpfen unablässig stärker macht. Und das, was ich bekämpfe – das *Fehlen* von Anerkennung, Beachtung und Lob –, wird durch den Kampf ebenfalls täglich stärker und stärker.

Das Fehlen wächst an ... Mit anderen Worten: die Lieblosigkeit nimmt zu.

Die Lieblosigkeit auf diesem Planeten ist daher eine direkte Folge des Ringens um Anerkennung, Beachtung und Lob, eine Folge des Ringens um Liebe. Paradoxer geht's nicht.

Und kaum einer merkt es.

Der Kampf um Energie, der unablässig auf der Erde tobt, ist somit ein einziger Kampf um mehr Aufmerksamkeit, und damit ein globaler Kampf um Beachtung, Anerkennung und Lob – im Großen wie im Kleinen, im beruflichen wie im privaten Leben.

„Beachte mich" ist die Kurzform für „schenk' mir Aufmerksamkeit". Und Aufmerksamkeit ist nichts anderes als Energieübertragung – weshalb eben das, worauf du deine Aufmerksamkeit richtest, wächst[118], je mehr, desto mehr.

Nimm nur einmal die Medien als Beispiel. Sie leben wortwörtlich von der täglichen Aufmerksamkeit, die ihnen die Bevölkerung gibt. Je mehr Aufmerksamkeit, desto mehr Einnahmen. „Geld ist fließende Energie", erläutert STUART WILDE in seinem gleichnamigen Buch völlig zu recht. Geld ist demnach fließende Aufmerksamkeit. Und nicht Geld allein ...

Macht ist Aufmerksamkeit. Sexuelle Begierde ist Aufmerksamkeit. (Materielle Begierde dient der Aufmerksamkeitslenkung und damit dem „Zeigen" von sexueller Potenz.) Popularität ist Aufmerksamkeit. Popstars leben von Aufmerksamkeit ebenso wie Sportler, Schauspieler und Politiker.

Aufmerksamkeit ist lebenswichtig: Kinder dürsten danach gleichermaßen wie kranke Menschen, die sie benötigen, um zu gesunden. Und Gesunde brauchen sie, um gesund zu bleiben.

Eifersucht ist eigentlich die Angst vor dem Ausbleiben von Aufmerksamkeit, gepaart mit Neid auf denjenigen Menschen, dem jetzt die Aufmerksamkeit gilt. Eifersucht ist ein Ringen um Liebe und muß daher immer dazu führen, daß die Lieblosigkeit zunimmt. Oder kennst du ein einziges Paar, bei dem beide ein-

---

[118] siehe AWDW, 6. Regel: *Das, worauf du deine Aufmerksamkeit richtest, wächst*

ander eifersüchtig bewachen und die trotzdem glücklich und zufrieden sind?

Halten wir uns noch einmal grundsätzlich vor Augen: Im Universum ist alles mit allem und jedem und jeder mit jedem und allem verbunden. Auch wenn wir das nur empfinden und (noch) nicht direkt sehen oder beweisen können.

Unser Symbol für die Ewigkeit und die Unendlichkeit und damit für das Universum selbst ist die liegende Acht:

Wenn du andere – seien es nun Dinge, Wesen oder Personen – nicht respektierst, begreifst du dich als von ihnen getrennt.[119]

Damit kapselst du dich vom Universum ab.

Die schärfste Form der Respektlosigkeit (und gleichzeitig eine der vier Strategien des Energieraubs) ist das Nicht-Beachten. Und es ist wahrhaftig kein Zufall, wenn du im Wort be•ACHT•en die Zahl Acht erneut findest, hier als die stehende Acht:

8

Beachten, Aufmerksamkeit schenken, andere Dinge, Wesen und Personen respektieren – all dies stellt daher in einer bestimmten Weise deine Verbindung mit dem Universum her. Es zeigt deine Verbundenheit an, den Grad, in dem dir selbst diese Verbundenheit bewußt ist. Je höher deine Verbundenheit ist, desto eher fällt es dir leicht, Dinge zu realisieren, oder wie

---

119 siehe 2. Einsicht: *Wenn du dich von etwas getrennt fühlst, bist du gespalten*

BÄRBEL MOHR es nennt: das, was du willst, „beim Universum zu bestellen".

Zurückschauen – *re-spicere* – begegnet uns auch in unserem Wort „Rücksicht".

Wenn du das TU WAS DU WILLST-Prinzip ohne den Zusatz *zum Wohle aller* als egoistisches „Ich zuerst – egal wie!" verstehst, wirst du dir *rücksichtslos* deinen Weg bahnen. Am Anfang bildest du dir vielleicht sogar ein, damit Erfolg zu haben. Doch vergißt du eindeutig das Gesetz der Resonanz. Wir leben in einem reagierenden Universum. Die Welt ist das, was du von ihr denkst. Wenn du dich rücksichtslos verhältst, kreierst du eine rücksichtslose Welt, die sich auch dir gegenüber so verhalten wird, weil du nicht rücksichtslos sein kannst, ohne rücksichtslos zu denken.

Die Umwelt ist ein Spiegel, der dir zeigt, was in dir vorgeht. Wobei unser „Spiegel" sich wiederum von lateinisch *spicere* (schauen, sehen) herleitet.

Respektieren ist folglich ein *Zurückschauen in den Spiegel*, den dir deine Umwelt immerzu bereithält.

Ich habe zwei wunderschöne Gedanken gefunden, die den Respekt als Schlüsselwort in sich tragen. Der eine stammt von GERTRUD MAASSEN:

„Nur die wahrhaft Großen achten das Kleine. Die aber nur groß zu sein scheinen, zerbrechen es."

Der andere stammt von LIV ULLMANN:

„Wer sich selbst nicht respektiert, kann nicht erwarten, daß andere ihn achten."

Genau das ist es, wovon ich in diesem Buch zu dir rede. Wenn du dich selbst respektierst, achtest du (auf) dich und deine wahren inneren Wünsche. Denn wenn du es nicht tust, weshalb sollten es dann andere tun?

Quintessenz der 20. Einsicht:
Schaue zurück in den Spiegel

1. Je mehr Respekt du hast – für die Dinge, die Wesen und die Personen, mit denen du dich umgibst und mit denen du umgehst –, desto andersartiger und wirkungsvoller ist die Beeinflussung, die von dir ausgeht.
2. Die Lieblosigkeit auf diesem Planeten ist eine direkte Folge des *Ringens* um Anerkennung, Beachtung und Lob, eine Folge des Ringens um Liebe.
3. Beachten, Aufmerksamkeit schenken, andere Dinge, Wesen und Personen respektieren – all dies stellt deine Verbindung mit dem Universum her.
4. Je höher deine Verbundenheit ist, desto eher fällt es dir leicht, Dinge zu realisieren.
5. Was und wen auch immer du respektierst (oder nicht) – du schaust immer in einen Spiegel. Wer sich selbst nicht respektiert, kann nicht erwarten, daß andere ihn respektieren. Und wer andere nicht respektiert, kapselt sich von allem anderen ab – und respektiert damit letzten Endes sich selbst nicht.

21. Einsicht: Du kannst nur ernten, was du gesät hast

Es ist seltsam: alle wissen das. Es liegt ja auch förmlich auf der Hand. Wenn du Bohnen säst, wirst du Bohnen ernten – und keine Erbsen. Völlig logisch. Wenn du Hafer ernten möchtest, mußt du vorher Hafer säen. Und es wird daraus Hafer erwachsen.

Jedem Kind ist klar, daß daraus wohl keine Erdbeeren werden. Auch dir ist das bekannt. Das hast du bereits in der SESAMSTRASSE gelernt. Wobei es bemerkenswert ist, daß *Sesam* ein Korn ist, das aufgehen und eine Ernte ergeben wird. Schon hier findest du das Saatkorn als Symbol für gesäte Gedanken. Und unser Leben ist wie eine Straße, entlang derer die von uns gesäten Körner aufgehen, und zwar alle, gute wie schlechte.

Erlaube mir, dir eine Zusatzfrage zu stellen: Was ist wohl der Grund dafür, daß Ali Baba[120] in „Tausendundeiner Nacht" ausgerechnet „Sesam, öffne dich!" sagen muß und sich ihm erst dann der Reichtum der Höhle eröffnet?

Wörtlich heißt es dort: „Doch er blieb fröhlich und ein wenig verträumt, wie er immer gewesen war, und **fest überzeugt**, es würde einmal ein Wunder geschehen, das seine Wünsche erfüllte."

Woraufhin Ali Baba erntete, was er – mental – gesät hatte.

„Sesam, öffne dich!" bedeutet, direkt verstanden, gleichzeitig nämlich auch: „(Sesam-) Korn, gehe auf!"

---

[120] siehe Literaturverzeichnis im Anhang

In unserem Sinn also: „Gedankensaat, gehe auf, blühe, wachse und gedeihe!" Und genau *davon* handelt dieses Märchen.

Wenn du Anagramme[121] für dich entdeckst, findest du die Erklärung leicht. Rücke einfach das „E" ans Ende von

S•E•SAM

und du erhältst

S •SAM E.

Wobei das „s" dann zum Beispiel für „sinngebend" stehen könnte (oder für stark, stimulierend, schaffend, Schatz ...).

Also „sinngebender Same" für Gedankensaat. Schon verblüffend, nicht?

Und doch verhält sich die große Mehrzahl der Menschen so, als ob sie schon nach der ersten Tasse Kaffee diese unumstößliche Wahrheit – säen *und* ernten – vergessen hätten. Sie verlassen morgens ihr Haus und säen den ganzen Tag über die abenteuerlichsten Dinge aus. Später wundern sie sich dann, wieso ihnen genau das erwächst, was sie da so eifrig gesät haben. „Ich weiß gar nicht, wie das passieren konnte!" hörst du sie rätseln. Und nicht wenige finden es ausgesprochen ungerecht, was ihnen da widerfährt.

In einem reagierenden Universum besteht aber absolut kein Unterschied zwischen der Aussaat von Samen und der Aussendung von Gedanken. Pflanzenkeime und Gedankenkeime ver-

---

[121] siehe Literaturverzeichnis und die 19. Einsicht: *Gib dir keine Mühe*

halten sich völlig gleichartig. Beide können sie auf fruchtbaren Boden fallen und aufgehen, wie uns die Sesamstraße täglich zeigt.

Höre einmal genau zu, was rund um dich herum alles gesät wird – in den Nachrichten, in der Gerüchteküche auf den Fluren, in den Erzählungen deiner Freunde und Bekannten. Eifrig wird überall gestreut, und es scheint bei vielen eine wahre Lust daran zu herrschen, Negativität auszusäen. Da wird gejammert, geklagt, der Kopf geschüttelt, nach Schuldigen gesucht. Da werden die Sünden der anderen entdeckt und wortreich kommentiert. Da werden selbst die Krankheiten und Kümmernisse von fremden Leuten durchgekaut. Da wird die eigene Machtlosigkeit beschworen, die eigene Angst geschürt – bis es allen richtig weh tut.

Und niemand macht sich Gedanken darüber, was am Ende daraus erwachsen, was die Ernte sein wird, so als sei es völlig bedeutungslos, ob und wo diese Gedankenkeime hinfallen und aufgehen.

Aber nach dem Gesetz von Ursache und Wirkung kann nichts keine Wirkung haben, auch nicht und schon gar nicht deine und meine und unser aller Gedanken.

Immer bist du im Streubereich von anderen Menschen, die ununterbrochen eifrig säen. Nicht einmal als Eremit auf einer einsamen Insel wärest du vor den Gedankenkeimen der anderen gefeit, wie dir RUPERT SHELDRAKE mit seiner Theorie der *Morphogenetischen Felder* erklären könnte. Dennoch – und das ist die gute Nachricht – überstrahlen deine eigenen Gedanken glücklicherweise die Keime der anderen. Es ist also von überragender Wichtigkeit, der Denker seiner eigenen Gedanken zu sein und nicht zum Gedachtwerdenden (zum passiven Konsumenten der Gedanken anderer) zu werden.

Sich selbst positive, konstruktive und optimistische Gedanken zu machen ist angesichts der Fülle der Jammernden und Klagenden eine Aufgabe von allerhöchster Priorität.

Denn was geschieht, wenn du dich auf die negativen Gedanken der anderen einläßt? Wenn du miteinstimmst in das allgemeine Wehklagen? Das ist dann so, als würdest du die gerade ausgestreuten Gedankensamen, die teilweise mit auf deinen Boden gefallen sind, nun selbst auch noch eigenhändig düngen, wässern und pflegen. Und sie werden aufgehen und wachsen wie wild.

„Zeige mir, mit wem du dich umgibst, und ich sage dir, wer du bist!" Diesen Satz von JOHANN WOLFGANG VON GOETHE hat die Verhaltenstherapie inzwischen längst bestätigt. Nur hat es kaum jemand bemerkt.

Dort spricht man von der sogenannten Referenzgruppe. Das ist jene Gruppe von Menschen, mit der wir uns umgeben: die Familie, der Freundeskreis, die Kollegen, unser gesellschaftlicher Umgang. Und es ist bewiesen, daß wir uns in unserem Verhalten und Denken *immer* unserer jeweiligen Referenzgruppe anpassen. Das geht so weit, daß sich sogar unser Intelligenzquotient (nach oben wie nach unten) verändert, wenn wir uns eine neue Referenzgruppe aussuchen. Kurz: du wirst dümmer, wenn du dich mit Dummen umgibst, klüger, wenn du dich an Kluge hältst, träger in der Gesellschaft von Trägen und schlanker in der Gemeinschaft mit Schlanken.

Mit wem also umgibst du dich? Welche Gedankenkeime hast du aufgefangen und gepflegt? Was wird in deiner jeweiligen Referenzgruppe gedacht und in der Folge getan?

Da die Welt das ist, was du von ihr denkst, wird deine Welt immer auch das sein, was du an Gedankenkeimen von anderen übernimmst und selbst weiterdenkst.

Wenn du dich mit jammernden, klagenden und machtlosen Menschen umgibst, wirst du über kurz oder lang mitjammern, mitklagen und mit ohnmächtig sein.

„Die Macht des Menschen", schreibt René Egli in seinem Buch „Das LOL^{2}A-Prinzip", „ist so groß, daß er sogar die Macht hat, seine Macht wegzugeben und sich zu einem völlig machtlosen Geschöpf zu machen." Wenn er aber diese Macht hat, dann hat er auch die Macht, sich seine Macht wiederzuholen.

Zur Not wechselst du die Referenzgruppe.

Das TU WAS DU WILLST-PRINZIP ist im Volksmund auch als „Jeder ist seines Glückes Schmied" bekannt. Der Hammer, den du als dein eigener Schmied schwingst, ist deine Fähigkeit zu denken. Die Hammerschläge sind deine Gedanken: Runde 55.000 mal am Tag (oder mehr) trifft dein Hammer unermüdlich auf deinen Amboß. Der ist dein Gehirn und in seiner Folge dein gesamter Körper. Und was ist das, was da geschmiedet wird?

Das, was du für dich als *Glück* bezeichnest.

Wie war deine Ernte im vergangenen Jahr? Glücklich?

Dann hast du Gedanken des Glücks gedacht.

War deine Ernte dagegen eine Mißernte, dann hast du – so einfach ist es – hauptsächlich Mist gedacht, wo auch immer er her kam – ob aus dem Fernseher, aus der Zeitung oder aus den Mündern von Pessimisten, die sich selbst Realisten nennen, weil sie glauben, festen Boden unter den Füßen zu haben.

Alles, was dich umgibt, löst Gedanken in dir aus. Auch Gegenstände tun das, egal ob du sie bewußt oder unbewußt wahrnimmst. Goethes Satz läßt sich daher auch umformulieren in: „Zeige mir, mit *was* du dich umgibst, und ich sage dir, wer du bist."

Deshalb ist die Welt ein Spiegel deines Inneren. Du bist, was dich umgibt.

Ein Beispiel: Wenn du etwas als Be•REICH•erung empfindest, macht es dich dadurch reicher – zuerst auf der gedanklichen, der mentalen Ebene. Du fühlst dich reicher. Du wirst dich deswegen anders verhalten als zuvor und *reich*-haltigere Gedanken denken.[122] Da deine Gedanken jetzt reichhaltiger sind, gerätst du mit reichhaltigeren Dingen in Resonanz. So ziehst du das, was du denkst, in deine Richtung.[123]

Egal, wodurch du dich bereichert fühlst – sei es ein Sonnenaufgang, ein Regenbogen, ein Schmetterling, die Liebe eines Tiers oder eines Menschen, der Anblick eines Bildes oder das Geräusch von klimpernden Goldstückchen (meinetwegen) –, ganz gleich, was es ist: allein durch die Tatsache, daß du dich bereichert fühlst, hat es dich zweifelsohne REAL erreicht.[124]

Es hat dich damit schon reicher gemacht.

Die einfache Formel lautet: Je öfter du dich bereichert fühlst, desto reicher (auch im finanziellen Sinn) wirst du sein, weil du es dir bewußt machst und deshalb immer reichhaltigere Gedanken denkst.

Ersetze das Wort *reich* im eben Gesagten durch das, was dir wichtig ist: Glück, Gesundheit, Berühmtheit, Zufriedenheit, Fähigkeiten, Erfolg oder was auch immer. Das Prinzip bleibt jedesmal dasselbe.

Was du säst, erntest du. Was du erntest, hast du zuvor gesät (oder zugelassen, daß andere bei dir kräftig über den Zaun gestreut haben).[125]

---

[122] siehe AWDW, 20. Regel: *Du kannst dein Schicksal selbst verändern*
[123] siehe 8. Einsicht: *Du ziehst an, was du suchst*
[124] siehe 13. Einsicht: *Das, was dich er-reicht, will dich reich machen*
[125] AWDW, 23. Regel: *Du bist, was du ißt*

Quintessenz der 21. Einsicht:

Du kannst nur ernten, was du gesät hast

1. Und was du gesät hast, erntest du. Und das, was du auf deinem Gedankenboden duldest, auch.
2. Pflanzenkeime und Gedankenkeime verhalten sich grundsätzlich gleich: Sie gehen auf, wenn du sie pflegst, und oft sogar schon, wenn du sie nur zuläßt.
3. Alles, womit du dich umgibst, löst Gedanken in dir aus.
4. Zeige mir, womit du dich umgibst (und mit wem), und ich sage dir, wer du bist.
5. Warum die SESAMSTRAßE *Sesam•straße* heißt, weißt du jetzt. Warum Ali Baba im Märchen „*Sesam*, öffne dich!" sagen muß, auch. **Mein Tip:** Lies das Märchen noch einmal unter diesem neuen Aspekt. Du wirst überrascht feststellen: Die Geschichte handelt eigentlich kaum von der Höhle und den Räubern. Dafür geht es im wesentlichen, überwiegenden Teil um *Gedankensaaten* (um Habgier, Geiz, Neid, Eifersucht, Treue, Zuversicht und Angst), die sich die Akteure solange wechselseitig in die Köpfe streuen, bis sie dort aufgehen und gedeihen.

22. Einsicht: Dreh dich (nicht?) um, der Plumpssack geht um!

[Oder: Sicherheit ist eine Illusion]

Sicher hast du dieses Kinderspiel früher auch gespielt. Du erinnerst dich – dabei geht es um eine Gruppe von Mitspielern, die im Kreis mit dem Gesicht zueinander sitzen.

Einer geht hinter dem Rücken der Mitspieler um diesen Kreis herum und läßt heimlich einen Gegenstand (den Plumpssack) fallen. Wer sich umdreht und jetzt keinen Plumpssack hinter sich findet, hat verloren. Er wird *aus dem Kreis ausgeschlossen* und muß nun seinerseits den Plumpssack nehmen. Der bisherige Spieler wird *wieder in den Kreis aufgenommen*. Wer sich jedoch umdreht und den Plumpssack tatsächlich hinter sich findet, hat gewonnen und darf – als Belohnung – im Kreis verbleiben. Merkt derjenige, hinter dem der Plumpssack liegt, allerdings nicht, *daß* sich hinter ihm der Plumpssack befindet, hat auch er verloren und wird aus dem Kreis ausgeschlossen.

In diesem Spiel geht es also um Aufmerksamkeit und Mißtrauen. Aufmerksamkeit wird belohnt, und Mißtrauen wird bestraft. Das Spiel lebt davon, inwieweit sich die einzelnen Spieler sicher fühlen oder ihrer Unsicherheit nachgeben und sich umdrehen.

Sicherheit ist trügerisch und immer eine Illusion. Damit will ich sagen: Es gibt nirgendwo Sicherheit, sondern bestenfalls Sicherheit auf Zeit. Da alles im Wandel ist, muß jede Sicherheit auf Dauer zerfallen.

Dennoch leben wir so, als könne es so etwas wie Sicherheit tatsächlich geben. Und damit nicht genug: Wir bilden uns sogar ein, immerwährende, unendlich fortdauernde Sicherheit erzeugen zu können. Wir schließen dazu Unmengen an Versicherungen ab. Wir kaufen haufenweise Sicherheitsschlösser und -türen, legen Sicherheitsgurte an und blicken durch Sicherheitsglas hinaus in die Welt.[126] Dabei lassen wir uns von Menschen verunsichern, die sehr sicher auftreten, und versichern uns wegen unseres nicht endenwollenden Mißtrauens mit Absicherungsverträgen gegen alles und jedes.

Wie blitzschnell die Illusion *Sicherheit* zerplatzen kann, zeigten nicht nur die traurigen Ereignisse des 11. September 2001 in New York. Es gibt immer nur den Anschein von Sicherheit.

Das Wort Sicherheit verrät sich selbst durch sein eigenes Anagramm.[127] Tausche die einzelnen Buchstaben in

SICHERHEIT

einmal wie folgt gegeneinander aus:

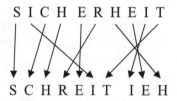

Klingt das Anagramm nicht genau wie der angstvolle Hilfeschrei, den wir tausendfach aus dem Kino kennen?

Der *Schatten* des Wortes verrät dir so überdeutlich, um was es uns Menschen bei dem Thema Sicherheit eigentlich geht. Es

---

126 Um Mißverständnissen vorzubeugen: All diese Dinge sind gut. Sie retten mit etwas Glück Leben. Doch sich blind darauf zu verlassen und zu denken, „weil ich diese Dinge habe, passiert mir schon nichts", das ist töricht. JEDES Sicherheitssystem kann versagen!
127 siehe Literaturverzeichnis und die 19. sowie die 21. Einsicht

dreht sich alles einzig und allein darum, unsere immerwährende Existenzangst in den Griff zu bekommen, und wenn uns das nicht gelingt, sie wenigstens mit dem Anschein von Sicherheit zu beruhigen. Wenigstens Schein, wenn schon nicht Sein.

Dabei führt der Gedanke der Sicherheit – des Absicherns – sich selbst *ad absurdum*.

Denn du kannst den Gedanken des Absicherns nur denken, wenn du zugleich auf deiner tieferen Ebene denkst: „Ich habe Angst." Da die Welt das ist, was du von ihr denkst[128], erschaffst du dir damit jetzt eine Welt, in der du Angst hast und haben wirst. *Angst haben* ist aber doch das Gegenteil von „ich fühle mich sicher", oder?

Mit anderen Worten: Je mehr du dir „aus Sicherheitsgründen" Gegenstände und Policen kaufst, desto mehr hat die Angst in dir schon zugenommen. Die Gedankenwolke „Angst" umschwebt dich, wohin du auch gehst. Und sie wird Dinge, Ereignisse und Personen anziehen, die zu dem, was du denkst, in Resonanz stehen. Dein Gang, dein Gesichtsausdruck, deine Körperhaltung verändern sich und bilden für andere ein unübersehbares Signal.[129]

Den Gedanken „ich brauche Sicherheit" kannst du nur haben, wenn du denkst, wie unsicher alles ist. Und das ist dann genau das, was du in der Folge bekommst. Wie sonst sollte ein reagierendes Universum denn auch darauf reagieren?

In der Metapher vom „Plumpssack" steckt aber noch mehr. *Plumpsen* gibt den Laut wieder, mit dem Gegenstände zu Boden

---

128 siehe 3. Einsicht: *Die Welt ist das, was du von ihr denkst*

129 Erst kürzlich fand in den USA ein Versuch mit Strafgefangenen statt, in dessen Verlauf man ihnen Videoaufnahmen von Passanten zeigte und sie einzeln aufforderte, diejenigen zu benennen, die sie überfallen würden, wenn sie die Gelegenheit dazu hätten. Nahezu einstimmig bestimmten die Versuchspersonen unabhängig voneinander *dieselben* Passanten als ideale Opfer.

fallen, zum Beispiel Obst von den Bäumen. Es ist kein Zufall, in dem Wort PLUM•P•SEN die englische Pflaume *plum* wiederzuentdecken, die genau mit diesem Geräusch ins Gras fällt. (Pflaumen wiederum enthalten Kerne, die als Samen neue Ernte erbringen können.[130])

Es geht also im Kern um etwas dir „Zu-Fallendes".

Wenn dir etwas zufällt, macht es daher im übertragenen Sinne hinter dir „plumps".

Es wäre schade, wenn dir dieses Geräusch wegen deiner mangelnden Aufmerksamkeit entginge. Da das, worauf du deine Aufmerksamkeit richtest, wächst, kann sich dir nur so der Kern des Zugefallenen enthüllen.

Es wäre aber ebenso schade, wenn du dich andauernd umdrehen würdest, nur weil du ununterbrochen argwöhnst, dir könne etwas zustoßen. (Argwohn ist etwas, in dem sich nur *arg wohnen* läßt. Und alle Sicherheitsschlösser der Welt können daran nichts ändern.)

In dem Spiel „Der Plumpssack geht um" werden beide – der, der sich argwöhnisch umdreht, und der, der nicht auf den „Zu-Fall" achtet – *vom Kreis ausgeschlossen*. Der Kreis steht hier als Symbol für den Kreislauf von Ursache und Wirkung, von Aktion und Reaktion, von Fügung und Synchronizität.

Das alte Kinderspiel symbolisiert für mich daher sehr anschaulich, wie wir uns selbst von den wichtigsten Kreisläufen des Lebens – und zugleich unserer Verbundenheit mit dem Universum – ausschließen können.

Einen Zu-Fall nicht zu erkennen, weil ich ihm keine Aufmerksamkeit schenke (und vor mich hin träume), ist ziemlich dumm.

---

130 siehe 21. Einsicht: *Du kannst nur ernten, was du gesät hast*

Denn ich gebe damit dem Universum ein deutliches Feedback mit dem Inhalt, daß ich auf Zufälle keinen besonderen Wert lege. Ich beachte sie ja sowieso nicht. Also wird mich das Universum in Zukunft auch damit verschonen. Schließlich ist es ein reagierendes Universum. Und so bringe ich mich selbst um die tollsten Erlebnisse, Kontakte und Abkürzungen auf meinem Lebensweg, der so beträchtlich anstrengender wird und – langweiliger!

Aber warum leicht, wenn es auch komplizierter geht?

Einen Zu-Fall nicht anzunehmen, weil ich ihn aus Angst um die eigene Sicherheit lieber nicht beachte, ist einfach nur SCHADE (sprich: der SCH•öne Zufall sagt •ADÉ).

Ein Beispiel: Stell' dir vor, du bestellst dir beim Bringservice eine Pizza. Und als es klingelt, steht deine Traumfrau oder dein Traummann vor dir auf der Schwelle.

Ein Augen*blick*.

Ein Wow-Moment.

Stille, gefolgt von Herzklopfen und Verlegenheit.

Aber anstatt *jetzt* den Zu-Fall als Fügung oder Synchronizität anzunehmen und *jetzt* zu handeln, nimmst du aus Angst vor einer Ablehnung nur die Pizza an, schlägst die Augen nieder, murmelst was von „stimmt so" (obwohl gar nichts stimmt) und verschließt dir vor dir selbst – einmal mehr – die Tür.

Schade? Und wie!

Das TU WAS DU WILLST-Prinzip hat genaugenommen nur einen einzigen Feind: dein persönliches Streben nach (vermeintlicher) Sicherheit. Wenn du *ja* sagst und *nein* meinst, steckt oft genug nur dein Sicherheitsdenken dahinter.

Da verbleibst du in einer dich nicht erfüllenden Partnerschaft – nur weil du dir nicht sicher bist, etwas Besseres zu finden.

Da nimmst du eine Reihe von Bedingungen an deinem Arbeitsplatz in Kauf, die dich frustrieren – und doch bleibst du dort, weil du nicht sicher bist, einen besseren oder überhaupt wieder einen anderen Arbeitsplatz zu bekommen.

Du würdest dich gern selbständig machen – nur da du keine Sicherheit darüber hast, ob es auch gut geht, läßt du lieber die Finger davon und bleibst lieber an•gestellt (anstatt frei zu stehen).

Da scheust du die dir bevorstehende Veränderung, mit der manches anders werden würde in deinem Leben. Aber da du keine Sicherheit darüber hast, daß es auch besser und nicht nur anders wird, gehst du lieber kein Risiko ein und bleibst beim Alten und Vertrauten, auch wenn es schon staubig und zerschlissen ist.

Sicher ist sicher, meinst du. Wobei du vergißt: Das größte Risiko im Leben ist es, niemals ein Risiko einzugehen.

Aufmerksam ein Risiko einzugehen ist gleichsam der Schlüssel zu jeder Form von Weiterentwicklung. (Übrigens: Auch in aufmerk•SAM steckt ein Same ...)

Noch ein Anagramm gefällig?

Tausche hierfür die Buchstaben in RISIKO wie folgt gegeneinander aus:

Auch hier scheint der Schatten des Wortes zu wissen, worauf es ankommt.[131] Als würde dir das Auge des Universums zuzwinkern ... Die Göttin Iris lächelt.

---

131 Zu Iris siehe bitte auch die 16. Einsicht: *Folge dem Regenbogen*

Sicherheit gibt es nicht. Sie ist nur eine Illusion deiner Komfortzone.[132]

Der Plumpssack geht immer um. Das Schlimme zu befürchten zieht es nur um so stärker an – das Gute übrigens auch.

Dreh dich nicht um bezieht sich auf die Angst, die dahinter steckt, daß es dich erwischt.

Zum wahren Gewinner wirst du erst, *wenn* du dich im richtigen Moment umdrehst, *weil* du aufmerksam auf das „Plumpsen" gehört hast.

Weil du *spürst*, daß es richtig ist, sich jetzt umzudrehen.

Weil *du* tust, was du willst.

Weil du tust, was *du* für richtig hältst.

Egal, was dann die anderen sagen.

---

[132] siehe Anhang IV: *Deine Komfortzone*

Quintessenz der 22. Einsicht:

Dreh dich (nicht?) um, der Plumpssack geht um

[Oder: Sicherheit ist eine Illusion]

1. Sicherheit SCHREIT IEH! Das Anagramm – der Schatten des Wortes – *weiß* um die pure Illusion.
2. Aufmerksamkeit ist der Schlüssel, um Zu•Fälle als Synchronizitäten zu entdecken. Höre also hin, ob es *„plumps"* macht. Aufmerksamkeit wird belohnt, Argwohn wird bestraft (vom Spiel ebenso wie vom Universum).
3. Das TU WAS DU WILLST-Prinzip hat nur einen einzigen Feind: dein Streben nach vermeintlicher Sicherheit.
4. Da alles im Wandel ist, muß jede Sicherheit auf Dauer zerfallen. Es gibt keinen sicheren Arbeitsplatz, keine sichere Partnerschaft, kein sicheres Einkommen, keinen sicheren Schutz.
5. Etwas nicht zu tun, nur weil das Ergebnis nicht sicher vorhersagbar ist, ist das Ende jeder Weiterentwicklung. Und das ist das größte Risiko überhaupt: kein Risiko einzugehen. Und *aufmerksam* ein Risiko einzugehen ist alles, was das Universum augenzwinkernd von dir erwartet. Welches? Deine Lebensaufgabe zu suchen und anzunehmen natürlich.

23. Einsicht: Wenn du merkst, daß du zur Mehrheit gehörst, wird es Zeit, deine Einstellung zu überprüfen

Dieser weise Satz des amerikanischen Journalisten und Dichters SAMUEL CLEMENS, besser bekannt als *Mark Twain*, wird gegenwärtig so gut wie überall ignoriert.

Es ist in den vergangenen Jahren immer mehr zu einer Pflicht geworden, sich in jedem Fall und unbedingt der jeweils vorherrschenden Mehrheitsmeinung anzuschließen und bei jeder Mode mitzumachen, sonst bist du in vielen Kreisen „unten durch" – egal wie unsinnig manche Moden auch sind.

Du gehörst nur noch dazu, wenn du die gerade *jetzt* angesagten Marken verwendest und dich über die gerade *jetzt* „trendy" gewordenen Themen unterhältst – in der gerade *jetzt* aktuellen Slangsprache selbstverständlich. Dabei gilt: Je mehr es machen, desto richtiger ist es – seien es nun Tattoos, Piercings, Diamanten in Schneidezähnen, bestimmte Markenlabels in deiner Kleidung, bestimmte Urlaubsorte, die *man* aufsucht (und hinterher Ferien vom Urlaub brauchst), gewisse Edelkarossen vor der eigenen Haustür oder Modewörter, die gerade jetzt „in" sind.

Ist es jeweils das, was *du* eigentlich willst? Oder machst du da mit, weil du hoffst, daß andere dich damit dann mehr mögen?

Es ist ein Irrsinnsspiel, bei dem nur die gewinnen, die so clever waren, sich rechtzeitig eine *Marke* (ob nun für einen Softdrink, einen Turnschuh oder einen Popstar) zu erschaffen.

Der Begriff *Marke* kommt von „Mark, Gemarkung, ze". Eine Mark ist ein Grenzland. Eine Handelsmar~~ke~~ eine virtuelle Grenze zu anderen Produkten auf. Sie ~~zeigt~~ signalisiert: „Hier bin ich, ich bin einzigartig, und ich stehe für XYZ."

Eine Marke (repräsentiert durch ihr Label) macht also genau das vor, was Mark (◄—— sieh an!) Twain forderte: „Wenn du merkst, daß du zur Mehrheit gehörst, wird es Zeit, deine Einstellung zu überprüfen."

Darum: Werde auch du zu einer eigenen Marke. Mache aus dir eine SELBST AG, wie es der amerikanische Bestsellerautor und Trainer TOM PETERS in seinem Buch „Selbstmanagement" empfiehlt.[133] Werde auch du einzigartig. Setze dich von den anderen ab, werde unverwechselbar.[134] Mach' dein eigenes Zeug (um mit dem Skispringer Sven Hannawald zu sprechen).

Ich nenne es: Tu was du willst.

Scheinbarer Themenwechsel: Ist dir manchmal langweilig? Vielleicht sogar öfter als früher? Wenn ja, befindest du dich dieser Tage in bester Gesellschaft. Zumindest in der Gesellschaft von sehr vielen Menschen.

Und das eigentümlicherweise in einer Zeit, in der es ein unglaublich großes Angebot an Unterhaltung gibt, ein so großes, wie es noch nie zuvor in der Geschichte der Menschheit existierte. Noch niemals vorher gab es dermaßen viele Medien, die mit noch nie zuvor gesehener Vielfalt und Abertausenden von Attraktionen um deine Aufmerksamkeit buhlen. Noch nie zuvor gab es eine so unerschöpflich sprudelnde Quelle der stets

---

[133] und mit ihm eine ganze Reihe anderer amerikanischer Autoren
[134] siehe AWDW, 4. Regel: *Es kann nur einen Ersten geben*

verfügbaren Ablenkung. Das Gegenteil – permanente Kurzweil – müßte doch die Regel sein. Aber weit gefehlt.

Allerorten begegnest du gelangweilten Gesichtern, die zu Hunderttausenden auf der Jagd sind – nach immer mehr und immer schnellerem *fun*, *action* und *thrill*.

Und kaum ist die Langeweile auch nur kurz vertrieben, muß ein neues, schnelleres, *hip*eres Ereignis her.

Irgend etwas scheint da nicht zu stimmen ...

Das Gegenteil von Langeweile ist Interesse. Das ist ein Wort, das sich aus dem lateinischen *inter esse*, „dabei sein", herleitet.

Gemeint ist die Aufmerksamkeit, die du einer Sache, einer Tätigkeit, einer Person oder einer Situation schenkst, die Art, auf die du dich dem Hier und Jetzt zuwendest – wobei *art* im englischen interessanterweise „Kunst" bedeutet und *Zuwendung* die niedrigste, sozusagen die Einstiegsform für Mögen darstellt.

Mithin könntest du Interesse „die Kunst des Mögens deines Hier und Jetzt" nennen. Daraus folgt: Langeweile ist fehlendes Mögen deines Hier und Jetzt.

Langeweile entsteht also, wenn deine Aufmerksamkeit an *deinem* Hier und Jetzt schwindet.

Manche müssen sich inzwischen sogar ununterbrochen beschäftigen. Ihnen wird so schnell langweilig, daß sie fast im selben Moment, in dem sie sich hinsetzen, schon wieder zum Handy greifen oder irgend etwas anderes *tun* (spielen, lesen etc.) *müssen*. Sie nehmen weder die Schönheit wahr, noch können sie den Augenblick genießen. Sie nennen es Langeweile; ich nenne es: *Sie halten es allein mit sich selbst nicht mal mehr fünf Minuten aus!*

Die Frage ist: Warum ist das eigentlich so? Und warum geschieht dies so häufig und so vielen Menschen gerade jetzt? Und vielleicht auch dir?

Die Antwort liegt in einem scheinbar überhaupt nicht damit zusammenhängenden Gebiet begründet: Du hast nur begrenzte Energien zu deiner Verfügung. Sind sie verbraucht, mußt du „nachladen".

Du weißt : Aufmerksamkeit ist Energieübertragung.[135]

Je schneller du jetzt deine Aufmerksamkeit auf viele unterschiedliche und wechselnde Dinge, Ereignisse, Personen und Tätigkeiten richtest, desto schneller verbraucht sich deine Energie. Heute diese Mode, morgen die. Heute dieses Event, morgen das. Heute dieses Spiel, morgen jenes. Schon nach kurzer Zeit hast du keine Kraft mehr, dich noch auf den Augenblick einzulassen, ihn zu genießen, ihn überhaupt wahrzunehmen. Du fotografierst höchstens noch in aller Eile den Sonnenuntergang, um dir das ganze zu Hause in Ruhe anzusehen, wozu es dann mangels Zeit auch nicht kommt.

Eine Folge davon ist eine wahre Sucht nach Energie. Bei den einen führt das zu unkontrolliertem Eßverhalten, bei anderen zu Aktionen, die verstärkt *Adrenalin* freisetzen. Adrenalin ist der Energiebotenstoff, den unser Körper in Extremsituationen produziert, um Gefahren bestehen zu können. In beiden Fällen vergewaltigen wir unseren eigenen Körper. Wir haben nicht einmal mehr Respekt[136] vor uns selbst!

Eine andere Folge ist Langeweile – die du bekämpfst (und dadurch stärker machst), woraufhin du dir möglichst schnell eine weitere Ablenkung, eine neue Mode suchst.

---

135 wenn nicht, siehe AWDW, 35. Regel: *Achte auf die Schönheit*
136 siehe 20. Einsicht: *Schau zurück in den Spiegel*

Mit der Ablenkung lenkst du dich vom Hier und Jetzt ab, anstatt dir den Augenblick zu schenken. Und der Mode haftet der (Verwesungs-)*Hauch* des Allzu-Schnell-Vergänglichen an, weshalb vielleicht in

M•ODE

auch *Odem* (Atem, Hauch) steckt, wie uns das Anagramm verrät.

Je mehr du dich der Jagd nach schneller Abwechselung hingibst und/oder dem Versuch, dich der Mehrheit anzugleichen, desto mehr Aufmerksamkeit „verbrätst" du auf diese Weise.

Es ist wie beim Vergleich einer normalen Lampe mit einem Laser. Das Licht einer Lampe verstreut sich überall hin, weshalb der einzelne Lichtstrahl kaum Energie hat. Das Licht eines Lasers ist gebündelt und konzentriert die gesamte Energie in eine Richtung, auf einen kleinen Bereich. Und es hat dort buchstäblich eine durchschlagende Wirkung.

Ist deine Aufmerksamkeit eher lampenartig, bleibt für die einzelne Sache, Tätigkeit oder Person nicht viel Energie übrig. Ist deine Aufmerksamkeit dagegen konzentriert wie ein Laser ausgerichtet, kann sie beinahe Berge versetzen.

An anderer Stelle spreche ich in diesem Buch über *Attraktoren*.[137] Attraktoren haben Anziehungskraft, das heißt, sie beschleunigen dich in ihre Richtung. Du hast die lasergleiche, durchschlagende Kraft deiner Aufmerksamkeit. Was, glaubst du, geschieht, wenn du diese beiden Kräfte miteinander koppelst und sie gemeinsam in *eine* Richtung wirken läßt?

Die Wirkung ist keine Addition. Es ist eine Multiplikation.

---

[137] siehe 6. Einsicht: *Erfolg ist das, was erfolgt, wenn du dir selbst folgst*

Genau das ist das Energiegeheimnis des TU WAS DU WILLST -Prinzips.

Wenn du (immer mehr und öfter) tust, was du willst, öffnest du dich der Wirkung eines Attraktors. Etwas zieht dich an, mental wie real – eine Sache, ein Thema, eine Person, eine Tätigkeit, eine Aufgabe, die dein Interesse geweckt hat und die dieses Interesse weiter erhöht, je näher du dem Attraktor kommst. Dein Interesse ist die Kunst des Mögens, die sich ihrerseits steigern wird, je stärker und näher der Attraktor dir ist.

Und du konzentrierst deine Aufmerksamkeit auf diesen Attraktor. Du machst ihn damit stärker durch die Energie, die du so überträgst. Ein stärkerer Attraktor aber zieht dich stärker an, nicht wahr? Mit anderen Worten: Du beschleunigst deine Wirkung durch deine Aufmerksamkeit immens.

Der höchste Attraktor ist deine Persönliche Lebensaufgabe.

Tust du dagegen das, was andere wollen, bremst du dich gleichsam aus – in deinem Hinterher-Rennen nach Moden, in deinem Streben, so zu sein wie die Mehrheit, in deinem Wunsch, dieser Mehrheit zu gefallen ...

Damit verbrauchst du so viel Energie, daß die beschriebene Beschleunigungswirkung sich in eine Bremswirkung umkehrt. Und: Bekämpfst du deine Langeweile mit Ablenkung (egal womit), wird dadurch die Langeweile nur immer größer werden, worauf du noch mehr Ablenkung, noch mehr Beschäftigung brauchst, und sei es nur in Form von immer noch mehr Arbeit.

Irgendwann lassen sich deine Energiezellen nicht mehr aufladen. In Managerkreisen heißt dieses Phänomen sehr passend *burnout* – Ausgebranntsein.

Darum: Anstatt den anderen Marken hinterherzulaufen, mache *dich* selbst zu einer Marke. Mit einer unverwechselbaren, eindeutigen Botschaft. Werde das, was du von Natur aus ohnehin bist: einmalig.[138]

Wenn du merkst, daß du zur Mehrheit gehörst, wird es Zeit, deine Einstellung zu überprüfen.

Handle doch mal drei Wochen lang[139] so, *als ob* **deine** Einstellung die Welt verändern würde!

Du wirst feststellen, sie tut es.

Denn die Welt ist das, was du von ihr denkst.

---

138 siehe 1. Einsicht: *Du bist absolut einmalig*
139 siehe AWDW, 3. Regel: *Nutze das 21-Tage-Phänomen*

Quintessenz der 23. Einsicht:

Wenn du merkst, daß du zur Mehrheit gehörst, wird es Zeit, deine Einstellung zu überprüfen

1. Jede Marke macht es vor: Sie ist einzigartig, unverwechselbar und steht herausragend da. Anstatt Marken, Trends und Moden hinterherzujagen, konzentriere dich darauf, zu deiner eigenen Marke, zur SELBST AG, zu werden.
2. Langeweile ist fehlendes Mögen deines Hier und Jetzt – und ein er(n)stes Alarmzeichen, daß es dir an Energie mangelt. Je mehr du die Langeweile bekämpfst, desto stärker machst du sie.
3. Je mehr du dich ablenkst – und du kannst dich auch mit permanenter Beschäftigung (z. B. als *workaholic*) ablenken –, desto weiter entfernst du dich von dir.
4. Je mehr du dich ablenkst, desto mehr Aufmerksamkeit verstreust du, anstatt sie zu bündeln.
5. Wenn du tust, was du willst, öffnest du dich einem oder wenigen Attraktoren, die dich in ihre Richtung ziehen. Richte deine Aufmerksamkeit auf sie, und du machst ihre Anziehungskraft um ein Vielfaches stärker.

24. Einsicht: Du bist hier, um dich zu finden

Gerade an Tagen, wo dir alles sinnlos erscheinen will und du dich fragst, warum du das alles machst und was das ganze Theater des Lebens überhaupt soll – gerade dann bist du einer Antwort so nah wie sonst nie.

Eben dann, wenn du innehältst und dich nach dem Sinn von allem zu fragen beginnst – nach dem Sinn des Universums, dem Sinn der Existenz der Menschheit und, nicht zuletzt, nach dem Sinn deines eigenen, ganz persönlichen Seins – gerade dann bist du für einen Moment aufgewacht, emporgetaucht aus dem Alltagsbrei deiner Existenz, könnte man sagen.

Vielleicht hast du in dir (noch) den Hauch einer Ahnung bewahrt, der Ahnung, daß du eigentlich etwas anderes, Besseres, Sinnvolleres tun solltest als das, womit du deine Tage zur Zeit verbringst.

Es ist wie der Rest eines schon fast verhallten Rufes, der in dir *nachklingt* und der dich zutiefst beunruhigt[140], wie ein Traum, den du nur noch schwach erinnerst. Plötzlich kommen dir Zweifel, ob du überhaupt am richtigen Ort lebst, dich mit den richtigen Menschen umgibst und die richtigen Dinge tust.

Und schon im nächsten Moment bekommst du Angst vor der darin lauernden Enttäuschung, bekommst Angst vor der möglichen Erkenntnis, alles, wofür du in den letzten Jahren

---

140 Person = *per sonare*, siehe hierzu die 5. Einsicht: *Finde heraus, wozu du eigentlich da bist*

und Jahrzehnten gelebt hast, könne sich als unbedeutende Seifenblase entpuppen und zerplatzen. Und so tauchst du schnell wieder ab und ein in den alltäglichen Einheitsbrei, widmest dich den gewohnten Tätigkeiten und gibst dich gleichzeitig der Täuschung hin, die Dinge richtig zu tun sei dasselbe, wie die richtigen Dinge zu tun.

Angst vor der Ent•täuschung zu haben aber heißt, Angst vor dem Ende der Täuschung zu haben.

Dabei wäre es doch vorteilhaft, wenn du dich endlich nicht mehr länger selbst täuschst, oder?

Im Hinduismus gibt es den Begriff der *maya* (wörtlich: Täuschung, Illusion, Schein). Er besagt, daß alles, was uns materiell umgibt, nichts anderes ist als ein großer Schleier, der die wahre Wirklichkeit, die wahren Zusammenhänge dahinter verdeckt.

Dieser Gedanke könnte zutreffender sein als all unsere anderen Welterklärungen. Die Quantenphysiker sehen sich dem Phänomen des Scheins immer wieder gegenüber, wenn sie von der Materie als einem Wahrscheinlichkeitsfeld sprechen, das „dazu neigt zu existieren". Sie wissen, daß Materieteilchen aus dem Nichts heraus entstehen (und ebenso wieder verschwinden) können, wenn eine gewisse Wahrscheinlichkeit für das eine oder andere spricht.

Schau dir nur mal das Wort Wahr•Schein•lichkeit genauer an. Wahr und Schein gar traulich vereint ...

Alles ist *maya*, sagen die Hinduisten. Mit deiner Geburt trittst du in diese Welt des *scheinbar Wahren* ein und bist seitdem auf der Suche nach dir selbst – zumindest, wenn du den Nachhall des Rufes in dir noch dann und wann vernimmst.

Wie ich an vielen Stellen dieses Buches erwähne, ist es immer wieder aufschlußreich, sich mit den Anagrammen von Worten zu beschäftigen. Anagramme sind wie Schatten, und sie zeigen dir oft im Kern verborgenen Bedeutungen auf.

Was verrät dir der Schatten des Wortes *Geburt*?

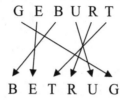

Also nichts anderes als Täuschung, Illusion, Schein ...

Alles ist *maya*, wie ein Schleier, der uns nur scheinbar zeigt, wie alles ist. Und so wie ein Betrug die Geburt einer Karriere als Krimineller darstellt, so ist eine Geburt insofern ein Betrug, als du um die wahren Sachverhalte deiner Existenz (zunächst) getäuscht wirst.

„Ja ist das Universum denn in Wahrheit böse?" fragst du dich jetzt vielleicht. Laß mich dir versichern: nein. Die Täuschung ist lediglich Teil des Spiels, so wie bei „blinde Kuh" die Augenbinde ein Teil des Spiels ist.

> *Denn deine Aufgabe im Leben ist es,*
> *zunächst deine Aufgabe im Leben zu finden,*
> *und sie – im zweiten Schritt – mit Leben zu erfüllen.*
> *Woraufhin du ein erfülltes Leben lebst.*

Alles übrige – die Verlockungen des Goldes, des Fleisches, des Nichtstuns, der Macht – sind Täuschungen auf deinem Weg zu dir selbst. Du bist hier, um dich selbst zu finden.

Es ist wie ein großes Versteckspiel, in dem das Versteckte dort liegt, wo du ganz zuletzt suchst – bei dir selbst.

Erkenne dich selbst – diese alte Forderung an der Wand des Orakels zu Delphi ist der Schlüssel zu deiner Existenz.

Also: Wer bist du?

Zunächst einmal bist du jemand, der aus dem Stoff hergestellt ist, aus dem auch das Universum besteht. Du bist im wahrsten Sinn des Wortes Teil des Ganzen.

Sodann bist du jemand, mit dessen Hilfe das Universum auf sich selbst schauen und mit dessen Ohren es sich selbst hören kann. Du bist jemand, durch den etwas klingt und der von etwas durchklungen wird. Sind dir deine Augen und Ohren wichtig? Sicher. Bist du für das Universum wichtig? Ebenso sicher. Sogar so wichtig, daß es jederzeit deiner Entscheidung, dich unwichtig und bedeutungslos zu fühlen, voll und ganz entspricht. Und es würde wiederum ebenso deiner Entscheidung, dich wichtig und bedeutsam zu fühlen, voll und ganz entsprechen und entsprechend reagieren.

Du bist jemand, der kraft seiner Gedanken Zeit und Raum aufheben kann und an jeden Ort zu reisen imstande ist, der dir vorschwebt, und das in Nullzeit. Man könnte sagen, in gewissem Sinn bist du *allgegenwärtig*.

Du bist jemand, der sich kraft seiner Gedanken sowohl in die tiefste Vergangenheit begeben kann als auch in die entfernteste Zukunft. Man könnte sagen, in gewissem Sinn bist du *zeitlos*.

Du bist jemand, der alles lernen und alles tun kann, was du dir überhaupt nur vorzustellen vermagst. Wenn du es dir vorstellen kannst, vermagst du es auch zu tun. Man könnte deshalb hinzufügen, in bestimmter Weise bist du in der Lage, alles zu machen. In einem gewissen Sinn bist du *allmächtig*.

Über das morphogenetische Feld bist du mit allem und jedem verbunden (eingebunden in *Indras Netz*[141]). Über deine Intuition kannst du den Wissenspool der gesamten Menschheit anzapfen und dort wie in einer gewaltigen Datenbank alles finden, was du brauchst. Du bist in einem gewissen Sinn *allwissend*.

Du bist somit – in einer bestimmter Weise – allmächtig, zeitlos, allgegenwärtig und allwissend.

Und was bist du?

Du bist so wichtig, daß das Universum unmittelbar auf dich reagiert. Du bist ein Teil dieses größeren, höheren Ganzen.

Du bist einmalig.

Du bist ausgestattet mit der größten Kraft des Universums, mit der Kraft der Liebe – weshalb jedes Vermögen deinerseits schon mit deinem Mögen (einer erst geringen Form von Liebe) einhergeht und entsprechend steigt oder fällt. Was, glaubst du, geschähe erst, wenn du mit Liebe an deine Angelegenheiten herangingest?

Du kannst daher alles haben, was du willst. Und du kannst und darfst tun, was du willst. Denn du bist frei in deiner Entscheidung. Sobald du dich ent•scheidest, ist die Scheidung, die Trennung von allem und jedem, sofort vorbei. Und deine Wirkung ist um so größer, je mehr es zum Nutzen aller ist. Denn das ist das Wesen der allumfassenden Liebe.

Die Welt ist das – und sie tut das –, was du von ihr denkst.

Du könntest auch sagen: dein Wille geschehe.

Wer also – und was *eigen*tlich – glaubst du, bist du?

---

[141] siehe 8. Einsicht: *Du ziehst an, was du suchst*

Schau hinter den Schleier ...

Das heißt nach innen. Dort – und nur dort – entdeckst du dich.[142]

Mögen dich Glück, Freude und Lebenslust allezeit begleiten.

Danke, daß du mir zugehört hast.

---

[142] Geradezu faszinierend in diesem Zusammenhang ist das neue Buch von PETER RUSSELL, „Wissenschaft und Mystik: zwei Erkenntniswege treffen sich", siehe Literaturverzeichnis

Quintessenz der 24. Einsicht:
Du bist hier, um dich zu finden

1. Hörst du noch den fast verhallten Ruf in dir nachklingen? Die fast verstummte Stimme, die dir sagt, du müßtest eigentlich ganz woanders mit etwas ganz anderem tätig sein?
2. Angst vor der Ent•täuschung zu haben heißt, Angst vor dem *Ende* der *Täuschung* zu haben.
3. Alles ist *maya* (Täuschung, Illusion, Schein).
4. Deine Aufgabe im Leben ist es, zunächst deine Aufgabe im Leben zu finden und sie im nächsten Schritt mit Leben zu füllen.
5. Du bist – in gewissem Sinn – allgegenwärtig, zeitlos, allmächtig und allwissend. Wer, glaubst du also, bist du? Oder anders gefragt: Vom wem, glaubst du, bist du ein Teil? Und da jedes Teil die Information über das Ganze enthält (wie in der DNA oder den Hologrammen), besitzt du die Antwort längst. Sie wartet in dir, darauf, daß du sie findest.

TEIL II

In sieben Schritten zu deiner Lebensaufgabe

Um ein Stern zu sein,
mußt du dein eigenes Licht verstrahlen,
deinen eigenen Weg gehen.
Und du brauchst dich nicht vor der Dunkelheit zu fürchten.
Denn sie ist es, die die Sterne am hellsten leuchten läßt.
(Quelle unbekannt)

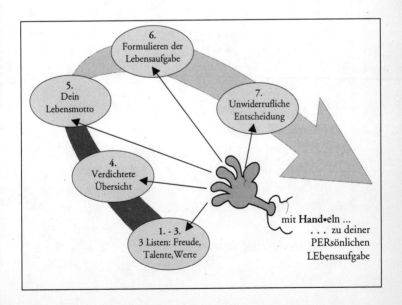

In 7 Schritten zu deiner Lebensaufgabe

Was du hierfür brauchst, sind vier Dinge:
1. Ruhe für dich selbst (am besten an einem Ort, den du magst und an dem du sicher bist, daß man dich in deiner Ruhe beläßt)
2. Papier(e) und Stift(e),
3. (verteilt auf mehrere Tage) ein bis zwei Stunden deiner Zeit und
4. deine innere Bereitschaft, dich weiterzuentwickeln.

Im folgenden wirst du drei Listen erstellen, sie zusammenfassen, ein Motto finden, deine Lebensaufgabe definieren und eine Entscheidung treffen.

Laß mich dir zunächst die sieben Schritte nennen:
1. Schritt: Du findest heraus, was dir am meisten FREUDE bereitet. *(Hierzu dient die erste Liste.)*
2. Schritt: Du findest heraus, was du besonders gut kannst. Das sind deine TALENTE. *(Hierzu dient die zweite Liste.)*
3. Schritt: Du findest heraus, was dir etwas bedeutet. Das sind deine WERTE, nach denen du handelst. *(Hierzu dient die dritte Liste.)*
4. Schritt: Du verschaffst dir einen Überblick. Das verdichtet und gewichtet deine Gedanken. *(Hierzu dient die Zusammenfassung des bisher Gefundenen.)*

5. Schritt: Du schreibst dir ein Lebensmotto. Es verdichtet wiederum deinen Überblick. *(Hierin wird der Sinn deines Lebens deutlich.)*

6. Schritt: Du formulierst dir deine Lebensaufgabe. *(Hierin wird aus deinem Motto deine Persönliche Lebensaufgabe abgeleitet.)*

7. Schritt: Du entscheidest dich – unwiderruflich – für deine Lebensaufgabe. *(Das wird dir leichtfallen, wenn du die Schritte 1 bis 6 wahrhaftig angegangen bist und ernstgenommen hast. Fällt es dir dagegen schwer, kehre einfach zu Schritt 1 bis 3 zurück, und „grabe" noch ein wenig tiefer, indem du deine Listen erweiterst. Anschließend folgst du noch einmal den Schritten 4 bis 7. Bei anhaltendem Zweifel lies als nächstes den Anhang I: „Der unbekannte Satz des Pythagoras". Das dort empfohlene Buch wird dir die Augen öffnen.)*

Da jedes Vermögen von Mögen kommt[143], beginnst du damit herauszufinden, was dir im Leben am meisten Freude bereitet.

Deine Liste sollte vor Verben (Tätigkeitswörtern) nur so strotzen. Also schreibe die *Tätigkeiten* auf, die dir wirklich große Freude bereiten. Deine Liste könnte so aussehen ...

---

1. Schritt:
Was bereitet mir im Leben am meisten FREUDE?

Lesen (Bücher), Wandern, Schwimmen, Segeln, Sonnenuntergänge bestaunen, Lachen, mit Menschen sprechen, vor Gruppen reden, Reisen ... usw.

---

[143] siehe auch AWDW, 21. Regel: *Das, was du am meisten magst, ist auch das, was du am besten vermagst*

... oder ganz anders. Sei großzügig und notiere alles, was dir einfällt, vorausgesetzt, daß es dir wirklich große Freude bereitet. Wenn du dich hierbei selbst beschränkst, wirst du die entscheidenden Tätigkeiten vielleicht gar nicht notieren. Es sollten schon mindestens 25 bis 30 Tätigkeiten auf deiner Liste stehen – je mehr, desto besser. Schöpfe aus der Fülle in dir.

Wenn dir nichts weiter mehr einfällt, **wähle** bitte aus deiner Liste die fünf Spitzenreiter aus (am besten mit Farbmarkern). Das sind die Tätigkeiten, die dir nicht nur große, sondern geradezu *überschäumende Freude* bereiten, für die du morgens an einem Regentag begeistert aus dem Bett springen würdest, nur weil du sie tun *darfst*. So weit klar? Dann los, beginne mit deiner FREUDE-Liste. Und laß dir Zeit. Schließlich geht es um das wertvollste Gut in deinem Leben.

---

1. Schritt:
Was bereitet mir im Leben am meisten FREUDE?

- ✎ (Jetzt bist du dran.)

Die nächste Liste umfaßt die Dinge, die du am besten kannst, die dir leicht von der Hand gehen. Deine Talente-Liste wird zum Teil Tätigkeiten aus deiner Freude-Liste enthalten, sie aber konkretisieren. Mal angenommen, *Kartenspielen* stünde auf deiner Freude-Liste. Dann beschreibst du damit deine grundsätzliche große Freude an den Karten. Von allen Kartenspielen aber bist du im „Bridge" unschlagbar. Somit käme Bridge-Spielen mit auf deine Talente-Liste. Etwa so:

> *2. Schritt:*
> *Das kann ich am besten: hier glänzen meine TA-LENTE!*
>
> Kochen ... *italienisch kochen*
> Schreiben ... *humorvoll und spannend schreiben*
> Fremdsprachen lernen ... *besonderer Zugang zu Keltisch/Gälisch*
> Segeln ... *Hochseesegeln (Navigationstalent)*
> Malen ... *Airbrush-Technik*
> usw.

... oder ganz anders. Sei großzügig und notiere wieder alles, was dir einfällt: wofür dich andere bewundern, weswegen man deine Hilfe sucht, worin du Spezialwissen oder -können schon entwickelt hast, vorausgesetzt, daß es dir wirklich leichtfällt und du es gut bis sehr gut kannst. Bescheidenheit ist hier fehl am Platz. Wenn du dich selbst beschränkst, wirst du auch hier die entscheidenden Tätigkeiten vielleicht gar nicht notieren. Es sollten schon mindestens 10 bis 15 Talente und Fähigkeiten auf deiner Liste stehen, je mehr, desto besser. Schöpfe aus der Fülle in dir.

Wenn du fertig bist, **wähle** bitte aus deiner Liste auch jetzt die fünf Spitzenreiter aus. Das sind deine überragenden, wertvollsten Talente, deine Gaben, die dir mitgegeben wurden, auf daß du sie nutzt. Bist du bereit? Dann los, beginne mit deiner TALENTE-Liste. Und laß dir abermals Zeit. Du bist nicht auf der Flucht, sondern auf dem Weg zu dir selbst.

> *2. Schritt:*
> *Das kann ich am besten:*
> *hier glänzen meine TALENTE!*
>
> - 🖉 (Jetzt bist du dran.)

Die dritte Liste enthält deine Werte. Hierbei kannst du dich zur Anregung der im Anhang III befindlichen Werte-Sammlung bedienen. Die dort aufgeführten Werte erheben keinen Anspruch auf Vollständigkeit. Suche dir daher das heraus (und füge das hinzu), was dir wichtig ist. Vielleicht so:

> *3. Schritt:*
> *Das ist mir wichtig, das sind meine WERTE.*
>
> Familie (Partnerschaft), Leidenschaft, Wissen, Gesundheit, Wohlstand, Glück, Erfolg, Humor, Vertrauen ... usw.

... oder völlig anders. Nach deinen Werten triffst du deine Entscheidungen im Leben. Jemand, dessen Wert *Familie* darstellt, wird sich – z. B. bei der Frage nach einem Auslandsaufenthalt – anders entscheiden als jemand mit dem Wert *Abenteuerlust*. Wenigstens 20 bis 25 Werte sollte deine Liste lang sein. **Wähle anschließend die fünf wichtigsten heraus und bringe sie in eine Reihenfolge.** Alles klar? Dann erstelle jetzt deine ganz persönliche WERTE-Liste. Und laß dir wie schon zuvor genügend Zeit. Du bist es wert, daß du sie dir nimmst.

3. Schritt:
Das ist mir wichtig, das sind meine WERTE

- ✏️ (Jetzt bist du dran.)

Nun bist du im Besitz dreier Listen. Im vierten Schritt verschaffst du dir einen ersten Überblick, indem du die fünf Spitzenreiter jeder Liste noch einmal gesondert anordnest. Das könnte dann – beispielhaft – so aussehen:

4. Schritt:
Verdichtete und gewichtete Übersicht

FREUDE	TALENTE	WERTE
Schreiben	verständlich und motivierend schreiben	Erfüllung
Seminare geben	andere begeistern und leicht erklären können	Persönliche Weiterentwicklung
Tu was du willst als Lebensprinzip	mentale Stärke und Kreativität	Selbständigkeit
anderen helfen/ nutzen/heilen	Einfühlungsvermögen	Liebe
neue Ideen entwickeln	lustige Stories fallen mir ein (zu)	Humor/Lachen

Natürlich sieht deine Tabelle gänzlich anders aus. Schließlich bist du absolut einmalig.

An dieser Stelle solltest du eine Pause machen und die ganze Sache ein bis zwei Nächte gründlich überschlafen.

Lege die Dinge jetzt beiseite.

Gib deinem Unterbewußtsein die Chance, an der Tabelle mitzuarbeiten. Wenn dir tags darauf noch Verbesserungen oder Korrekturen einfallen – wunderbar. Arbeite sie ein, bis deine Tabelle am Ende wirklich harmonisch klingt, das heißt, bis sie mit dir, deinen Freuden, Talenten und Werten wirklich übereinstimmt.

ERST dann ...

... verdichtest du im fünften Schritt deine gefundenen inneren Gaben zu einem Motto. Das ist eine Kurzbeschreibung dessen, was deine Tabelle über dich aussagt. Achte darauf, daß jeder deiner Werte zu seinem Recht kommt.

KURT TEPPERWEIN empfiehlt in seinem 2001 erschienenen und empfehlenswerten Buch „Das Geldgeheimnis"[144], dieses Motto mit dem Satz „Ich bin mir bewußt, daß der Sinn meines Lebens ist ..." zu beginnen. Das sähe dann beispielsweise so aus:

---

144 aus dem ich manche Anregung dankbar entnommen habe, siehe Literaturverzeichnis

5. Schritt:
Lebens-Motto

Ich bin mir bewußt, daß der Sinn *meines* Lebens ist, ...

... mich voll zu entfalten und meiner Lebensaufgabe nachzugehen. Ich bin ein Botschafter des TU WAS DU WILLST-Prinzips, das es mir ermöglicht, andere Menschen darin zu unterstützen, den erfüllenden Weg zu sich selbst zu finden. Diese wunderbare und ebenso wertvolle wie heilsame Aufgabe erlaubt es mir in meiner Selbständigkeit und Selbstverantwortung, dankbar Reichtum in allen Bereichen anzunehmen.

Selbstverständlich lautet dein Motto anders, da es sich ja aus deinen Werten ergibt.

Wenn du Zugriff zu einem Computer hast, drucke dir dein Lebensmotto aus (z. B. auf einer Karte, die du ständig mit dir führst). Oder schreibe es dir in deiner schönsten Schrift auf. Lies dein Lebensmotto tagtäglich immer wieder, gerade auch dann, wenn du es schon auswendig kennst. Das, was du deinem Unterbewußtsein immer wieder zeigst, wird von ihm als wichtiger verstanden als andere Dinge. Und was kann wichtiger für dich sein als dein Lebensmotto?

(Wenn du magst, schicke mir eine Kopie deiner LEBENS-MOTTO-Karte. Meine Adresse findest du auf Seite 237. Ich würde mich RIESIG freuen, eines Tages die weltweit größte Sammlung von Lebensmotti zu besitzen! Wer weiß ...? Lieben Dank im voraus.)

Im sechsten Schritt formulierst du deine persönliche Lebensaufgabe. Jede FORM•ulierung ist und wirkt wie eine Art virtuelle Form und gibt so vor, was später hineinfließen kann.

Formen bergen Inhalte und schützen sie. Je besser die Form, desto wertvoller bleibt ihr Inhalt.

Deshalb feile an deiner Formulierung ruhig herum. Vielleicht sind es die wichtigsten Worte deines bisherigen Lebens.

Binde bei der Formulierung deiner Lebensaugabe auch deine Intuition mit ein. Wenn dir intuitiv Worte einfallen, fallen sie dir zu – und das nicht zufällig. Und denke daran: Je mehr du etwas magst, desto mehr vermagst du es.

Dein Lebensmotto ist dabei dein Ausgangspunkt. Während dein Motto deine grundsätzliche Einstellung widerspiegelt, sagt deine Formulierung deiner Lebensaufgabe, was du im übergeordneten Sinn tust.

Als Beispiel biete ich dir meine eigene Definition an:

---

6. Schritt:
Meine Lebensaufgabe

**Meine Lebensaufgabe,
der ich mich mit Hingabe widme, ist ...**

... mich mit allen meine Gaben zum Wohle anderer einzusetzen. Mit meinen Büchern, Seminaren, Vorträgen und meiner Art des Seins wirke ich als positiver Katalysator und Anreger für die persönliche Weiterentwicklung von anderen und von mir selbst. Ich vermittle Erfolgswissen auf der Basis der Universellen Erwerbsregeln© und – untrennbar damit verbunden – heilsames Bewußtsein in allen Lebensbereichen.

Aufgabe und Hingabe – diese Begriffe haben noch eine weitere, tiefere Dimension, über die ich dich bitte nachzudenken.

Es kann sein, daß du deiner Lebensaufgabe schon sehr nahe gekommen bist, daß es sozusagen nur ein kleiner Schritt ist, der noch vor dir liegt.

Es kann aber auch sein, daß die Entfernung zwischen dir und deiner Lebensaufgabe (die KURT TEPPERWEIN sehr schön dein „wahres Leben" nennt) noch sehr groß ist. Da lautet dann die entscheidende Frage: Was mußt du alles *aufgeben*, um dich ihr *hinzugeben*?

Es beginnt mit der *Unentschlossenheit*. Wenn du sie nicht aufgibst, bleibst du dort verschlossen, wo du jetzt bist. Was ist mit deiner *Bequemlichkeit*? Kannst du dich von ihr trennen? Mußt du vielleicht die *Menschen* aufgeben, mit denen du zusammenlebst, oder deine *Arbeitsstelle*, vielleicht sogar deinen *Beruf*?

Beachte bitte: Alles, was du eventuell aufgeben mußt, ist zur Zeit ein bestimmender Teil deiner Komfortzone. Aus diesem Grund habe ich im Anhang IV zusammengefaßt, was du über Funktion und Wirkungsweise dieses erstaunlichen Phänomens wissen solltest, um der tückischen *Komfortzonenfalle* zu entgehen.

Um *deine* Aufgabe im Leben anzunehmen, wirst du mit hoher Wahrscheinlichkeit manches aufgeben, eben loslassen müssen. Denn ohne Loslassen keine Lösung.

Deshalb ist der letzte, siebte Schritt zugleich der wichtigste: *deine unwiderrufliche Entscheidung*.

So wie eine Entbindung das Ende der Bindung beschreibt, so ist eine Ent•SCHEIDUNG immer das Ende einer Scheidung. Das bedeutet, das bisher Geschiedende, Getrennte ist nun nicht mehr getrennt – du und deine Lebensaugabe.

Es bedeutet aber auch, der lange Prozeß der Scheidung von deinem bisherigen Leben ist zu Ende, sobald du dich unwiderruflich entschieden hast.

Viele Menschen scheuen sich deshalb schon, ihre Lebensaufgabe überhaupt zu formulieren, weil sie unbewußt genau spüren, wie stark der bevorstehende Entschluß ihr bisheriges Leben verändern wird.

Im Extremfall bedeutet es, dein vergangenes Leben vollständig aufzugeben.

Wirf noch einmal einen Blick auf deine Werte. Je stärker bei dir Aspekte der Sicherheit ausgeprägt sind, desto eher wirst du ein Mensch sein, der sich vor Risiken rückversichert.

Bei dem Risiko, deine Lebensaufgabe anzunehmen und sich unwiderruflich dafür zu entscheiden, gibt es keine Sicherheit außer einer einzigen, und die liegt im Vertrauen in dich selbst.

Machen wir uns nichts vor – dein Leben umzukrempeln und etwas anderes, Neues zu tun *ist* ein Risiko. Doch du bist der Mensch, der für diese Aufgabe geschaffen ist wie kein zweiter. Niemand kann deine Lebensaufgabe besser mit Leben füllen als du. Die Folgen werden Gesundheit, Wohlstand, Glück und Erfolg sein – wenn du deinen Entschluß wahrhaftig meinst und dich deiner Lebensaufgabe hingibst.

Ein Leben, zu dem du eigentlich *nein* meinst, ist aber noch um ein vieles *risikoreicher*. Denn dann lebst du in ständigen Sorgen, ärgerst dich über ungeliebte Tätigkeiten und die Abhängigkeit, erlebst Streß, schwächst dein Immunsystem, wirst krankheitsanfälliger, bist allgemein unzufrieden und unerfüllt.

Mir persönlich ist dieses Risiko zu hoch.

Deswegen habe *ich* mich entschieden.

Wenn du dich entscheidest, entscheide dich schriftlich.

Schließe einen **Vertrag mit dir selbst** ab, einen Vertrag mit der wichtigsten Person in deinem Leben.

Du kannst deinen eigenen Text schreiben, oder du bedienst dich einer der beiden folgenden Formulierungen. Die erste stammt von KURT TEPPERWEIN und ist in dem schon erwähnten Buch „Das Geldgeheimnis" zu finden, die zweite ist meine Version.

---

7. Schritt:
Meine unwiderrufliche Entscheidung
(nach Tepperwein)

Ich entscheide mich unwiderruflich, meinen eigenen Weg zu gehen, mich meiner Lebensaufgabe kompromißlos hinzugeben, einen bedeutenden Beitrag für andere Menschen, die Menschheit zu leisten. Dadurch führe ich SELBST ein sinnvolles und wertvolles Leben mit unerschöpflicher Kraft, Begeisterung und Lebensfreude.

Datum und Unterschrift

Und die Alternative:

---

7. Schritt:
Meine unwiderrufliche Entscheidung
(meine Version)

**Ich entscheide mich unwiderruflich
zu tun, was ich will.
Dabei handle ich stets zum Wohle aller.
Ich gebe mich meiner Lebensaufgabe vollständig
hin, wodurch ich einen bedeutenden Beitrag
für die Menschheit leiste.
Ich weiß, daß all meine Gaben
in ihrer Kombination einmalig, einzigartig
und wertvoll sind. Dadurch führe ich selbst ein
wertvolles und erfülltes Leben in überfließender
Kraft, Begeisterung, Lebensfreude und Liebe.**

Datum und Unterschrift

Hast du dich entschieden? Dann nimm meinen herzlichsten Glückwunsch entgegen.

Feiere deinen Entschluß. Freue dich. Beglückwünsche dich selbst. In gewissem Sinn ist heute dein *eigen*tlicher Geburtstag.

Denn heute ist der erste Tag deines wahren Lebens.

Teil III

Anhänge

Anhang   I   Der unbekannte Satz des Pythagoras

Anhang   II Arbeitsblatt „Sinn"

Anhang III Wertesammlung

Anhang IV Deine Komfortzone

Über den Autor

MindFrame© Seminare

Kontaktadresse

Literaturliste

Buchempfehlungen

Anhang I:

Der unbekannte Satz des Pythagoras

Den *bekannten* Satz des griechischen Mathematikers, Philosophen und Mystikers(!) hast du mit ziemlicher Wahrscheinlichkeit während deiner Schulzeit kennengelernt: Die Summe der beiden Kathetenquadrate in einem rechtwinkeligen Dreieck ist gleich dem Quadrat der Hypotenuse ($a^2 + b^2 = c^2$). Der soll uns hier **nicht** beschäftigen!

Der unbekanntere Satz des PYTHAGORAS ist bei weitem nicht so leicht zu greifen und zu beweisen wie der oben genannte. Deswegen wird er auch kaum zitiert. Er lautet schlicht:

Die Zahl ist das Wesen aller Dinge.

Pythagoras, dessen Denken Plato und Aristoteles beeinflußte, hat in einem mystischen Sinne Zahlen mit Tugenden, Farben, Tönen und vielem mehr verknüpft. Er hat gelehrt, daß unser Universum und unsere Psyche nicht dem Zufall oder Chaos preisgegeben sind, sondern eine bestimmte Struktur und Ordnung aufweisen. Darüber hinaus hat er die These vertreten, die menschliche Seele sei unsterblich.

Das kommt uns ziemlich vertraut vor, nicht wahr?

Aufgrund dieses pythagoräischen Erbes hat in den Achtzigern der kalifornische Autor DAN MILLMAN das von ihm so genannte „Lebenssinn-Programm" entwickelt, das er in dem Buch „Die Lebenszahl als Lebensweg" 1993 der Öffentlichkeit zugänglich gemacht hat – ein dicker Wälzer, dessen Anschaffung sich für dich aber **unbedingt** lohnt.[145] Und der absolut unverzichtbar ist, wenn es dir beim besten Willen nicht gelingen will, deine Persönliche Lebensaufgabe (z. B. mit der Übung aus der 5. Einsicht) selbst zu entdecken.

Die Rede ist dort nicht von Numerologie und auch nicht von Astrologie, obwohl Zahlen in Form deines Geburtsdatums eine maßgebliche Rolle spielen.

Ich selbst habe noch nie zuvor ein Nachschlagewerk in Händen gehalten, das eine so überzeugende und hohe Trefferquote aufweist wie „Die Lebenszahl als Lebensweg".

Da es keinen Zufall gibt, kann auch dein mit *Absicht* verfolgtes Geburtsdatum kein Zufall sein, meine ich in der konsequenten Fortführung all meiner in den Einsichten dargelegten Gedanken.

Dan Millman selbst hat persönlich *keine* Erklärung dafür, wieso ein derart willkürliches Datumssystem wie der von uns benutzte und mindestens einmal reformierte christliche Kalender irgendeine Aussage *machen kann* über die Lebensaufgabe eines an einem bestimmten Tag geborenen Menschen. Doch der der individuellen Lebenszahl zugeschriebene Lebensweg ist immer wieder verblüffend für jeden, der damit arbeitet.

Und die Zahl sei das Wesen aller Dinge, sagt Pythagoras.

Nach meinem Verständnis scheint es so zu sein, als ob entweder diese mit unserer Existenz verbundenen und damit wichtigsten Zahlen unseres Lebens *uns* prägen oder *wir* mit Absicht zu genau diesem Datum geboren werden wollten oder wurden.

Letztendlich spielt das überhaupt keine Rolle, denn das Ergebnis ist in beiden Fällen gleich. Ermittle deine Lebenszahl, schlag nach bei Millman – und staune.

---

145 siehe Literaturverzeichnis. Dan Millman ist der Autor der Bücher um den „Friedvollen Krieger", die heimliche Bestseller in den 80ern und 90ern waren.

*

Solltest du das Buch (es war schon einmal vergriffen) im Handel nicht mehr erhalten können, wende dich bitte unter der Kontaktadresse auf Seite 237 an **mindFrame**© **Media**. Wir sorgen dann dafür, daß du einen Nachdruck bekommst.

(Überhaupt kannst du – wenn du magst – alle empfohlenen Bücher und sonstigen Medien auch bei uns bestellen.)

Anhang II:

Arbeitsblatt „Sinn":
Deine persönliche Lebensbalance

Das hier gezeigte Schema und die damit zusammenhängenden Gedanken gehen auf NOSSRAT PESESCHKIAN und ebenso auf LOTHAR SEIWERT zurück.

Es geht um die vier wesentlichen Lebensbereiche, die in deinem Leben die entscheidenden Rollen spielen:

- **Deine Gesundheit**
  Hierunter fällt alles, was deinen *Körper* anbelangt: was und wie viel du ißt, ob du dich, und wenn ja, wie oft entspannst, wie es um deine Fitneß bestellt ist und wie hoch deine Lebenserwartung ist.

- **Deine Leistung (Arbeit)**
  Hierunter fällt alles, was du erwirbst und erbringst: dein *Erfolg,* deine Karriere, dein Wohlstand und dein Vermögen, überhaupt alle geldlichen Angelegenheiten und das, was für dich ein schöner Beruf ist.

- **Deine Kontakte**
  Hierunter fällt alles, womit du *Verbindung* zu anderen Menschen aufnimmst und aufrechterhältst: deine persönlichen Gespräche, deine Telefonate, Briefe und Mails, deine Freundschaften und wie du sie pflegst,

deine Familie und wie du sie pflegst und das, was du an Zuwendung, Anerkennung, Lob und Liebe gibst und empfängst.

- **Die Frage nach dem Sinn**
  Hierunter fällt alles, womit du deinem Leben eine *Bedeutung* gibst: deine Religion, falls du einer angehörst, deine Selbstverwirklichung, deine Form der Erfüllung (deines Lebenstraums), deine philosophischen Gedanken, deine Zukunftsfragen und das, was du für dich den Sinn des Lebens nennst.

Alles, was du an Liebe, Engagement, Kraft, Zeit und Aufmerksamkeit hierin investieren kannst, sind 100 Prozent. Mehr hast du nicht. Die Frage ist, *wie viel* dieser deiner 100 Prozent entfallen jeweils auf welchen Bereich?

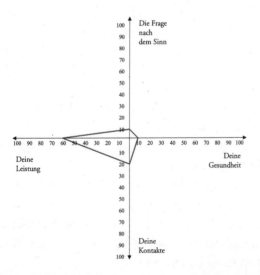

Schon mit einem Blick siehst du die „Schieflage" in obigem Beispiel. Von Ausgewogenheit der vier Lebensbereiche ist keine Rede. Alles ist auf die Leistung konzentriert; die drei anderen Themenfelder kommen deutlich zu kurz.

Wie sieht es bei dir aus? Es ist hilfreich, wenn du dir die Werte in der folgenden *leeren* Grafik einträgst. Verbinde anschließend deine Punkte wie eben.

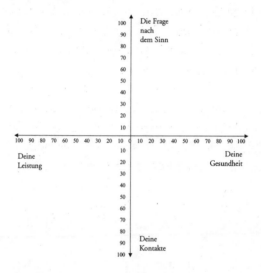

Vielleicht mußt du ein wenig nachdenken, um deine Prozentwerte richtig einzuschätzen. Nimm dir die Zeit.

Leben in Balance bedeutet, alle vier Bereiche ausgewogen zueinander mit Leben zu füllen. Jede Ausweitung des einen Bereichs verringert die Werte in den drei anderen, da du ja nur 100 Prozent zur Verfügung hast.

Wenn du nur arbeitest, kommen deine Kontakte, deine Gesundheit und der Sinn deines Lebens zu kurz. Gleiches gilt für die drei anderen Lebensbereiche.

Wenn du einem Bereich keine (oder zu wenig) Aufmerksamkeit schenkst, wird er stetig schwächer werden. Das ist der Umkehrschluß aus der 6. Regel (aus AWDW): *Das, worauf du deine Aufmerksamkeit richtest, wächst.*

Also schenke jedem der vier Lebensfelder in etwa die gleiche Aufmerksamkeit. Und du wirst ein ausgeglichenes, harmonisches Leben führen.

> **Etwa**
> # 25 Prozent
> **an Liebe, Zeit,
> Engagement und Energie.**

„Das geht nicht", sagst du? Du hast so viel zu tun.

Nun, das Geheimnis des Könnens liegt im Wollen.

Tu was du willst.

Natürlich kannst du so lange arbeiten, bis du zusammenbrichst.

Natürlich kannst du dich um deine Gesundheit erst kümmern, wenn du sie verloren hast und krank geworden bist.

Natürlich kannst du dich um deine abgestorbenen Kontakte erst sorgen, wenn du einsam zu Hause sitzt.

Natürlich kannst du am Leben verzweifeln, wenn es dir zunehmend sinnloser vorkommt.

Aber – geht es darum, reich, einsam, krank und bedeutungslos zu werden? Ist das ein erfülltes Leben?

Sicher nicht. Darum nimm dir die Zeit, denke ein wenig nach, und schenke dir ab heute 25 Prozent – in *jedem* der vier Bereiche.

Anhang III:

Wertesammlung

Die folgende Zusammenstellung erhebt keinen Anspruch auf Vollständigkeit. Sie soll dir lediglich Anregungen geben für Werte, die dir vielleicht wichtig sind. Fehlen dir wichtige Begriffe in dieser Liste, so füge sie für dich am Ende der Spalten hinzu.

Abenteuer
Achtung
Aktivität
Altruismus
Anerkennung
Aufregung
Ausdauer
Ausgeglichenheit
Bildung
Charisma
Demokratie
der/die Beste sein
Distanz
Disziplin
Ehre
Ehrlichkeit
Eigenständigkeit
Einfallsreichtum
Einfluß

Entspannung
Erfolg
Erfüllung
Erkenntnis
Ekstase
Familie(nbindung)
Freiheit
Freude
Freundschaft
Frieden
Gastlichkeit
Gefühlsbindung
Gemütlichkeit
Gerechtigkeit
Geschmack
Geselligkeit
Gesundheit
Glaube
Gleichheit

Glück
Gute Laune
Harmonie
Heiterkeit
Herausforderung
Herkunft
Höflichkeit
Humor
Identität
Individualismus
Integrität
Intelligenz
Kameradschaft
Klugheit
Kommunikation
Kompetenz
Kraft
Kreativität
Lässigkeit
Lehren
Leidenschaft
Lernbereitschaft
Liebe
Macht
Menschlichkeit
Mitgefühl
Mut
Nachkommen
Nachsicht
Nähe
Neugier
Objektivität
Offenheit
Ordnung
Persönlichkeit
Persönlichkeitsentwicklung
Pflichtbewußtsein
Phantasie
Pragmatismus
Pünktlichkeit
Rechtmäßigkeit
Redegewandtheit
Reichtum
Respekt
Ruhe
Ruhm
Schönheit
Selbständigkeit
Selbstdarstellung
Selbstverwirklichung
Sexualität
Sicherheit
Spannung
Sparsamkeit
Spaß
Stärke
Tapferkeit
Teamgeist
Toleranz
Tradition

Treue	Wahrheit
Überlegenheit	Wechsel
Überzeugung	Weisheit
Umweltschutz	Wissen
Unabhängigkeit	Weitblick
Unterstützung	Zärtlichkeit
Verantwortung	Zeit haben
Vergnügen	Zugehörigkeit
Vernunft	Zuverlässigkeit
Vertrauen	Zuwendung

(Raum für deine Nachträge)

Diese Zusammenstellung wird dir bei der Übung in Teil II **„In sieben Schritten zu deiner Lebensaufgabe"** helfen, bei der es im 3. Schritt um deine Werte geht.

Ein weiterer Tip für Paare: Suche dir zunächst *alleine* einmal zwölf Werte heraus, die dir aus dieser Liste am meisten bedeuten. Schreibe jeden Wert auf eine gesonderte Karte. Dann ordne *alleine* die Karten in Form einer Rangliste, so daß du deine persönliche Hitliste deiner Werte bekommst.

Das gleiche macht dein(e) Partner(in) unabhängig von dir.

Anschließend vergleicht ihr die Ergebnisse. Am besten legt ihr eure Hitlisten nebeneinander. Überlegt einmal gemeinsam, inwieweit eure Werte eure tagtäglichen Entscheidungen beeinflussen und warum ihr manche Dinge einfach anders seht.

Ich verspreche euch einen höchst aufschlußreichen und interessanten Abend ... Viel Spaß!

Anhang IV:

Deine Komfortzone

„Komfort" heißt behaglich, gemütlich, bequem, wohnlich.

In dem Wort be•HAG•lich taucht das alte deutsche Wort *Hag* noch auf, das zu unserer heutigen Hecke geworden ist. Hecken werden zum Schutz vor neugierigen Blicken und zum Grenzverlauf angelegt. Sie bieten eine gewisse **Sicherheit**, weshalb es uns dahinter so behagt.

Gemütlich leitet sich von *Gemüt* ab, ein Wort, das die **Gesamtheit der seelischen Empfindungen und Gedanken** bezeichnet.

Bequem meint passend, tauglich, aber **auch träge, faul und angenehm.**

Wohnlich ist eng mit unserer Ge•WOHN•heit verwandt; wir wohnen gewissermassen in unseren **Gewohnheiten**.

Deine Komfortzone umgibt dich wie eine Wolke, in der sich die eben fett gedruckten Dinge befinden. In dieser „Wolke" kennst du dich aus. Hier weißt du Bescheid. Hier hast du die Dinge fest im Griff. Alles ist dir hier vertraut, sogar das Negative: Du weißt um die schlechten Launen deiner Mitmenschen, kennst die Beklemmungen des Alltags, die gewohnheitsmäßigen Schmerzen in deinen Gelenken usw.

Deine Komfortzone ist ein Bereich, der dich immer und überall umgibt und eine deutliche Grenze nach außen hat – die graue Linie im folgenden Bild. Du nimmst zudem deine Komfortzone überall mit hin. Der überwiegende Teil deines Lebens wird durch das bestimmt, was diese Zone enthält und was sie dir an Vertrautheiten bietet. Das sieht ungefähr so aus:

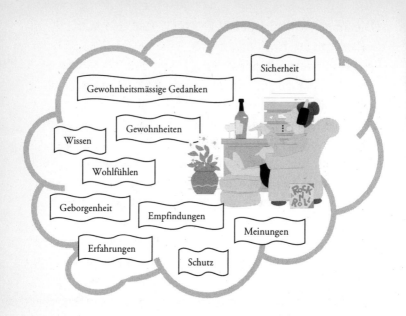

Herrlich, nicht wahr?

Der Nachteil besteht darin, daß sich die Dinge, die das Leben erst richtig lebenswert machen, nahezu immer außerhalb der grauen Linie befinden. Auch deine Lebensaufgabe.

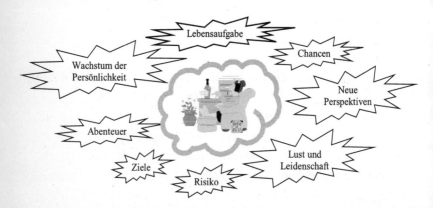

Die graue Linie markiert (Mark = Grenze) und trennt die Sicherheit von der Unsicherheit. Sie hat einen Namen: ANGST. Angst vor dem Versagen, dem Neuen, dem Ungewohnten.

Wann immer du in deinem Leben etwas verändern willst, *fordert* dich das Leben aus deiner Komfortzone *heraus*. (Vera F. Birkenbihl sagt in dem Zusamenhang oft: „Logisch, sonst hieße es ja *Hinein*forderung!")

Sobald du dich aus deinem „Komfortzonensessel" erhebst und auf den grauen Rand zugehst (um etwas Ungewohntes zu unternehmen), nimmt dein Gefühl des Unbehagens zu. Mit jedem Schritt merkst du es mehr. Noch ist das Gefühl eher vage, sachte unangenehm, noch keine Angst. Aber je weiter du gehst, desto mehr wird dir bewußt, auf welche Unwägbarkeiten du dich da einläßt, wenn du deine Komfortzone verläßt.

Plötzlich fallen dir all die Warnungen ein, die du von anderen hörtest. Mit jedem Schritt nimmt deine Unsicherheit zu. Deine Zweifel wachsen, ob das, was du da tust, auch richtig ist. Du hörst förmlich Stimmen in dir, die dir zurufen: „Kehre um! Kehre bloß um! Du bist ja VERRÜCKT!"

Stimmt ja auch. Du bist gerade dabei, dich aus der Masse derjenigen, die aus Furcht in ihren Komfortzonen verbleiben, herauszurücken. Du bist dabei, dich selbst zu ver•rücken!

Um dir ein Beispiel zu geben: Bitte mal jemanden, dir zu zeigen, wie er seine Jacke anzieht. Achte dabei auf die Zeit, die er benötigt, und auf die Strategie, die er anwendet. Zuerst der linke oder der rechte Arm, dann glattziehen usw. Dann bittest du die Person, die Jacke noch einmal abzulegen und sie dann umgekehrt anzuziehen. Also zuerst mit dem linken Arm in den Ärmel schlüpfen, wenn es vorher zuerst der rechte war. Du wirst feststellen, deine Versuchsperson braucht deutlich länger, wirkt regelrecht unsicher und fühlt sich sichtlich unwohl.

Warum? Nun, sie hat gerade ihre Komfortzone verlassen. Dieses unwohle Gefühl stellt sich aufgrund unserer fehlenden Erfahrung und der Unabwägbarkeit dessen ein, was wir da tun. Und die Wahrscheinlichkeit, in das bisherige Verhalten zurückzufallen, ist extrem hoch.

Nun spielt das bei einer Jacke gewiß kaum eine Rolle.

Doch wenn du ein neues Verhalten annehmen willst, etwas Neues tun möchtest, vielleicht sogar vorhast, dein Leben zu ändern, weil du deine Lebensaufgabe angehen möchtest ...

... dann hörst du sie wieder, die Stimmen.

Genau darin besteht die *Komfortzonenfalle*.

Es ist so herrlich bequem, bei dem zu bleiben, was du hast. Sofort ist (scheinbar) kein Risiko mehr vorhanden. Sofort hast du alles wieder unter Kontrolle. Auch wenn die Schmerzen (der Ärger, der Frust, der Streß) jetzt bleiben – aber du kennst sie wenigstens, sie sind dir vertraut, und wenn sie auch stören, so machen sie dir wenigstens keine Angst.

Deswegen verbleiben so viele Menschen dort, wo sie stehen. Und damit die Schuld (eigentlich: die Verantwortung) nicht bei ihnen selbst liegt, geben sie Erklärungen ab, die alle mit „es ging nicht, weil ..." beginnen.

Das mit dem Rauchen aufhören hat nicht geklappt?

„Ach, es ging nicht, weil ... bei uns im Betrieb alle rauchen."

Was macht dein Gewicht?

„Ach, es ging nicht, weil ... ich immer in der Kantine essen muß ."

Und, hast du schon einen neuen Job?

„Ach, es ging nicht, weil ... die mir im Arbeitsamt ja doch nichts Richtiges anbieten."

Wie, keine Gehaltserhöhung in diesem Jahr?

„Ach, es ging nicht, weil ... mit unserem Chef kann man einfach nicht reden."

Deine Komfortzone ist beeindruckend gut darin, dir stets die Argumente zu liefern, die du brauchst, um dich weiter in ihr wohlzufühlen. Immer sind es die anderen, die Umstände, die politische Lage, der Verfall der guten Sitten und was nicht alles. NIE sind es diejenigen, die in der Komfortzonenfalle stecken. Merke: Wer steckenbleibt, bewegt sich nicht.

Doch Stillstand ist Rückschritt, nicht nur in der Technik oder beim Sport, sondern vor allem in der persönlichen Weiterentwicklung.

Und: *no risk, no fun*, wie die Amerikaner sagen.

Also, sagst du dir, hoch aus dem Sessel, ich werde es wenigstens versuchen.

Wenn du etwas nur ver•suchst, wirst du es nicht finden.

Jedes Versuchen bekommt von der Komfortzone gewissermassen eine Hintertür eingebaut, durch die du bequem wieder zu ihr zurückkehren kannst. Mit genau diesem Argument: du hast es wenigstens versucht. Welch schöner Trost.

Aber genau damit führt dich deine Komfortzone jedesmal in Versuchung.

Die erfolgreichste Sportartikelfirma der Welt – Nike – hat den Slogan *Just do it* gewählt. Tu es einfach.

Sie haben bewußt darauf verzichtet, ihr Motto *Just TRY to do it* zu nennen. Von versuchen ist eben keine Rede.

Tu es einfach. Der Trick ist: Wenn du es getan hast[146], wird das Neue, Unbekannte ziemlich schnell Teil deiner Komfortzone geworden sein.

---

146 und möglichst minimal 21 Tage lang in Folge dabeibleibst. Vergleiche dazu die 3. Regel: *Beherzige das 21-Tage-Phänomen* aus meinem Buch „Alles was du willst".

Und du wirst überhaupt nicht mehr verstehen, weshalb du dir vorher so viele Sorgen gemacht hast.

Und du *hast* die Fähigkeit, dich über deine Komfortzone hinaus zu bewegen.

Sonst hättest du niemals Gehen gelernt. Du wüßtest nicht mit Messer und Gabel umzugehen. Du könntest dir nicht einmal deine Jacke anziehen (egal, wie herum).

Und erst recht nicht dieses Buch lesen.

Und über das Gelesene nachdenken.

Wofür ich mich bei dir noch einmal ganz herzlich bedanke.

Über den Autor

Foto: G. Otto, Hamburg

Michael H. Buchholz, geboren in Hannover, Bildungsreferent der Wirtschaft, ist Inhaber des Persönlichkeit-Entwicklungsinstituts **mindFrame**© Mentaltraining in Hannover, wo er auch mit seiner Familie unter liebsamer Duldung bei seinen zwei Katzen wohnt. Seit 1993 schulte er als Seminarleiter und Persönlichkeitstrainer schon viele Tausend begeisterte Teilnehmer in seinen Seminaren. Sein besonderes Interesse gilt seit langem der Wiederentdeckung verborgenen oder unangewandten Wissens.

Bisherige Veröffentlichungen:

„Alles was du willst", Omega-Verlag, Düsseldorf, 2000

Als Science Fiction-Autor sind von ihm sechs Serien-Romane im semiprofessionellen Bereich erschienen, alle erhältlich unter www.spaceshop@prfz.de oder direkt unter „Spaceshop der Perry-Rhodan-Fanzentrale", Rastatt.

Weitere Veröffentlichungen sind in Vorbereitung.

Das mindFrame© Mentaltraining bietet an:
Seminare von und mit Michael H. Buchholz

Alles was du willst!

Ein 2-Tages-Intensivseminar, das – über das gleichnamige Buch hinaus – die Universellen Erwerbsregeln© thematisch vertieft und dir dazu das Basiswissen des mentalen Trainings vermittelt. Du kannst dich anschießend selbst jederzeit motivieren und dich in einen höheren, kraftvolleren Energiezustand versetzen. Kurz: So steuerst du dich selbst zu dem, was du willst.

Tu was du willst!

Das aufbauende 2-Tages-Intensivseminar, das – über das gleichnamige Buch hinaus – die Universellen Einsichten© thematisch vertieft und dir dazu die Fähigkeit vermittelt, deine Persönliche Lebensaufgabe zu entdecken. Da dein Vermögen von *mögen* kommt, findest du hier heraus, womit du dich in Zukunft am liebsten beschäftigen willst.

Erfülle deinen Lebenstraum!

Das abschließende 2-Tages-Intensivseminar, in dem du dir selbst die Schritte aufzeigst, mit denen du deine Persönliche Lebensaufgabe erfüllen kannst. Du kehrst mit einem klaren Konzept (aus dir selbst heraus entwickelt) nach Hause zurück. Du gehst ab jetzt hochmotiviert an deine Lebensaufgabe heran und weißt, was du dafür tun kannst.

Die Seminare bauen aufeinander auf und sollten daher nur in dieser Reihenfolge besucht werden. Die 2-tägigen Veranstaltungen finden vorzugsweise freitags/samstags statt. Fordere eine Seminarbeschreibung an, dann nenne ich dir gern die aktuellen Orte und Termine. Viele bisherige Teilnehmer/-innen sind gern bereit, dir ihre Eindrücke zu schildern; falls du jemanden in deiner Nähe befragen möchtest, sende ich dir auf Anfrage gern Referenzadressen zu.

Das mind**Frame**©-Motto:

„Der Geist kennt keine Grenzen –
außer denen, die wir uns selber setzen."

Nähere Informationen und Anmeldung unter

mind**Frame**© Mentaltraining
Am Alten Gehäge 46 • D-30657 Hannover
Telefon: 0511 / 77 12 24 • Fax: 0511 / 60 680 60
email: info@mindframe.de
www. mindFrame.de

Wer mir schreiben möchte – herzlich gern

Literaturverzeichnis

Adrienne, Carol, *Erkenntnis und Zufall,* München, 1999
Baigent, Michael, *Das Rätsel der Sphinx,* München, 1998
Beckmann, Ralph, *Alma macht die Turbo-Diät,* Rastatt, o. J.
Birkenbihl, Vera F.:
  a) Das Birkenbihl-ALPHA-Buch, Landsberg am Lech, 2000
  b) Das „neue" Stroh im Kopf?, Landsberg am Lech, 2000
  c) StoryPower – Welchen Einfluß Stories auf unser Denken und Leben haben, Landsberg am Lech, 2001
Buchholz, Michael H., *Alles was du willst,* Düsseldorf, 2000
Dr. Hofmann, Inge, *Lebe faul, lebe länger,* München, 2002
Egli, René:
  a) Das LOL²A-Prinzip, Oetwil a. d. L., 1996
  b) Die Formel des Reichtums, Oetwil a. d. L., 1998
Ende, Michael, *Die Unendliche Geschichte,* Stuttgart, 1979
Fosar, Grażyna/Bludorf, Franz, *Vernetzte Intelligenz – Die Natur geht online,* Aachen, 2002
Friedrichs, Kurt (Hrsg.), *Das Lexikon des Hinduismus*, München, 1992
Fuzinski, Alexandra, *Tarot für Manager,* Düsseldorf, 1995
Goswami, Ami, *Das bewußte Universum,* Freiburg i. Br., 1997
Gribbin, John, *Wissenschaft für die Westentasche,* München, 2000
Groll, Gunter, *Erzählungen aus Tausend und einer Nacht,* München, 1953
Hausner, Angela, (Hrsg.), *Denkanstösse,* München, 2001
Kirschner, Josef, *Die Egoisten-Bibel,* München, 1999

Mackensen, Lutz, *Ursprung der Wörter,* Frankfurt/Main, Berlin, 1988
Mewes, Wolfgang, *Die EKS®. Die Strategie,* Pfungstadt, 1998
Millman, Dan, *Die Lebenszahl als Lebensweg,* Bern, München, Wien, 1993
Müller, Lutz, *Suche nach dem Zauberwort,* Stuttgart, 1986
Peters, Tom, *Selbstmanagement – Machen Sie aus sich die ICH AG,* München, 2001
Redfield, James:
  a) Die Prophezeiungen von Celestine, München, 1996
  b) Die zehnte Prophezeiung, München, 1996
  c) Das Geheimnis von Shambala, München, 1999
Russel, Peter, *Wissenschaft und Mystik: zwei Erkenntniswege treffen sich,* Bielefeld, 2002
Seiwert, Lothar J., *Wenn du es eilig hast, gehe langsam,* Frankfurt/Main, 1998
Silva, José/Goldman, Burt, *Die Silva Mind Methode – Das Praxisbuch,* München, 1990
Silva, José/Stone, Robert, *Der Silva Mind Schlüssel zum inneren Helfer,* München, 1991
Sprenger, Reinhard K., *Die Entscheidung liegt bei dir,* Frankfurt/Main, 1997
Tepperwein, Kurt, *Das Geldgeheimnis,* München, 2001
Tepperwein, Kurt, *Jungbrunnen Entsäuerung,* München, 2001
Thomas, Carmen, *Das Anagramm-Geheimnis,* München, 2000
Walker, Björn, *Der 1zu1 „Reiseführer" – Das ultimative Abenteuer,* Wahlendorf (CH), 1999
Wilde, Stuart, *Geld – Fließende Energie,* München, 1996

Buchempfehlungen:

Die in meinem ersten Buch „Alles was du willst" gegebenen Buchempfehlungen wiederhole ich hier nicht, doch sind sie so aktuell wie eh und je. Ergänzend zu den dort genannten möchte ich hier einige wahrhaft „kosmische" Hintergrundbücher erwähnen, die mich etliche Erkenntnisschritte weitergebracht haben:

DIE UNENDLICHE GESCHICHTE von **Michael Ende**. Kein Fachbuch, sondern ein Märchen (oder Fantasy-Roman), aber was für ein Buch! Ich sage bewußt *Buch*; vergiß die gleichnamigen Filme, das ist Hollywood. Michael Ende hatte ganz andere Erzählabsichten, deshalb hat er sich auch von den Filmen distanziert. Die Geschichte selbst hat so viele Facetten, daß es unmöglich ist, hier alle aufzuzählen. Für die Tarotkundigen sei z. B. darauf hingewiesen, daß sich die Handlung exakt nach der „Reise des Helden" entwickelt, wie die Großen Arkana auch genannt werden. Das Motto „Tu was du willst" ist das eigentliche zentrale Thema des Romans und beleuchtet vor allem die Gefahren, die entstehen, wenn du den Zusatz „zum Wohle aller" ignorierst oder mißachtest. Aus den späten Siebzigern stammend, ist die Unendliche Geschichte inzwischen fast in Vergessenheit geraten. Wenn du sie nicht kennst, hast du was verpaßt.

QUARKS, QUANTEN UND SATORI von **Peter Russell**. Ich zitiere den Klappentext, der es auf den Punkt bringt: „Russell ... baut in seinem Buch lauter tragende Brücken zwischen der Wissenschaft und dem Göttlichen." Ein Buch für die heimlichen Skeptiker. Vor allem aber zeigt Peter Russell uns eines: Vieles, was vor kurzem noch Esoterik war, ist inzwischen fester Teil der Wissenschaft geworden, und der Prozeß ist noch nicht zu Ende.

DAS FÜNFTE FELD von **Ervin Laszlo**. Ein „Augenöffnerbuch" für die heimlichen wie die offenen oder gar verbissenen Skeptiker. Hier werden dir die Zusammenhänge zwischen Geist und Kosmos und damit auch zwischen Leben und Materie aus wissenschaftlicher Sicht wirklich brillant verdeutlicht. Laszlo schlägt einen großen Bogen von den Urlehren der großen Religionen bis zum heutigen Wissensstand und bringt Berichte von Forschungen, die so nicht in den täglichen Nachrichten auftauchen.

Die Fördergesellschaft zur Gründung einer Friedensuniversität (FGF) brachte 1996 die beiden vorgenannten Autoren, **Peter Russell** und **Ervin Laszlo** sowie **Stanislav Grof** zusammen. Gemeinsam unterhielten sich diese drei Vordenker zwei Tage lang in den USA über die grundlegenden aktuellen Fragen, die 1996 wie heute jeden Menschen auf diesem Planten angehen (müßten), und dieses absolut faszinierende Gespräch wurde – dem Universum sei Dank – mitgeschnitten und in Buchform veröffentlicht. DIE BEWUSSTSEINS-REVOLUTION heißt es und ist momentan – leider – vergriffen. Die gute Nachricht ist: Einige Restexemplare habe ich mir sichern können. Wer sich dafür interessiert, kann das Buch über unsere Kontaktadresse bei uns bestellen.

Alle im Text erwähnten Bücher finden sich im Literaturverzeichnis und sind ohne Ausnahme ebenfalls lesenswert.

Index

A

Absicht 33, 41, 42, 62, 67, 72, 115
Adams, Douglas 17
Adrenalin 187
Adrienne, Carol 154
Akzeptieren 18, 57, 60, 115, 118-119
Ali Baba 169, 175
Alles was du willst 11-13, 15, 17, 24, 27, 33, 143, 164, 239
Alltag 58, 75, 139, 146, 155, 228
Alphazustand 92-94, 95, 112
Anagramme 157-158, 170, 177, 181, 188, 193-194
Angst 25, 64, 102, 103-104, 107, 124, 157-160, 165, 171, 175, 178, 180, 182, 192-193, 198, 231, 232
Angstformen, drei 104
Ansichten 43, 49
anstrengen / Anstrengung 18-20, 157, 159-161, 162
Anziehungskraft 69, 82, 88, 138, 188, 191
Arbeit 19-20, 21-22, 65, 70-71, 75-77, 161, 181, 189, 221, 223, 224
Arbeitslosigkeit 21, 70, 72, 116, 146
Atmen 103, 105, 106, 113, 114
Atome 40, 45, 128
Attraktoren 69, 71, 72, 74, 188-189, 191
Aufhören 132
Aufmerksamkeit 42, 55, 56, 68-69, 71-72, 83, 85, 88, 99, 128-129, 151, 152, 156, 165-166, 168, 176, 179, 181-182, 183, 185, 186-189, 191, 222, 224
Ausgebranntsein 189
Außengefühl 130, 131, 134

B

Baigent, Michael 40
Bezugspersonen 62, 78
Birkenbihl, Vera F. 31, 61, 90, 102, 105, 110
Bludorf, Franz 44
Bogenschießen, Prinzip 58
Bohm, David 81
Buddha 90

C

Charon, Jean E. 52
Csikszentmihalyi, Mihal 146

D

Darmkontraktionen 112
Denken 32-33, 44, 46-47, 51-53, 54, 95, 130, 134, 154, 164, 172, 173, 174
Disney, Walt 36, 56

Alle reden davon, und deshalb möchte auch ich ...

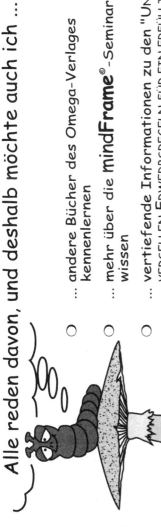

- ○ ... andere Bücher des Omega-Verlages kennenlernen
- ○ ... mehr über die **mindFrame**®-Seminare wissen
- ○ ... vertiefende Informationen zu den "UNIVERSELLEN ERWERBSREGELN FÜR EIN ERFÜLLTES LEBEN" erhalten. Bitte informieren Sie mich über Folgeprodukte.
- ○ ... gern einen Vortrag oder eine andere Veranstaltung des Autors miterleben. Nennen Sie mir bitte Orte und Termine unter meiner gewünschten Adresse:
  - ○ eMail:
  - ○ Fax:
  - ○ Postanschrift (siehe umseitigen Absender)

6. Einsicht:
Erfolg ist das,
was erfolgt,
wenn du dir
selbst folgst

Absender:

Was ich noch sagen oder wissen möchte ...

bitte
ausreichend
frankieren

mindFrame® Mentaltraining
für Gesundheit, Wohlstand, Glück und Erfolg

Michael H. Buchholz
Am Alten Gehäge 46

30657 Hannover

DNA 44, 138, 198
Dossey, Larry 129
drei Angstformen 104
Duzen 10
Dyer, Wayne 147

E

Egli, René 52, 58, 173, 276
einmalig / Einmaligkeit 26, 36-37, 39, 40, 41, 42, 66, 71, 100, 127, 154, 190, 196, 208, 214
Einstein, Albert 25, 82
Eiweißdepots 110
EKS-Strategie 45
Eltern 13, 15, 18, 67, 78
Ende, Michael 96, 239
Energie 24-25, 35, 46-48, 49, 55, 56, 58-59 72, 85, 86, 88, 98-100, 101, 102-103, 110-112, 114, 122, 127, 128, 135, 146, 161, 162, 165, 187-189, 191, 224
Entscheidung 28, 42, 70, 97, 121, 123, 132, 195, 196, 206, 211, 213, 214
Entsprechung, Gesetz der 84
Erbinformation 37
Erfolg 12, 17, 18, 20, 68, 72-73, 74, 80, 90, 93, 159, 161, 167, 174, 188, 206, 212, 221
erfülltes Leben 12, 13, 15, 17, 21, 27, 39, 63, 194, 214, 224
Erklärungsmodell 81
Erwerben 17, 18
Erwerbsregeln, Universelle 12, 13, 15, 17-18, 21, 27, 128, 164, 210
esoterisch 32
Existenz 17, 26, 41, 42, 62, 67, 77, 192, 194, 195, 219
exoterisch 32

F

Familie 19, 45, 59, 62, 112, 145, 172, 206, 222
Festhalten 55-56, 57, 58, 59, 60, 65, 144-145
Fettstoffwechsel 110
Feyman, Richard 128
Fibonacci-Zahlen 136
finanzielle Situation 31, 90
Fosar, Grażyna 44
Frage nach dem Sinn 77, 220
Freiheit 24, 78
Frequenz 31, 64, 103
Freude 64, 74, 96, 97, 142, 147-148, 157, 159, 161, 202-204, 207
Freund 10, 15, 24, 112
Frisch, Klaus 137
Fülle, Ort der 41, 42, 116, 119, 120
Fürdichs, dir zufallende 119, 120

G

Gedanken 16, 20, 24-25, 31, 32, 49, 54, 59, 65, 70, 72, 78, 83, 89, 90, 97, 103-105, 108, 117, 129-130 131, 134, 145, 146, 150, 167, 169, 170-174, 175, 178, 179, 193, 195, 202, 219, 222, 229
Gedankenkeime 170, 171, 172, 175
Gegenkraft 42, 159
Geheimnis 13, 35, 63, 158, 189
Gehirn 37, 87, 88, 92, 93, 95, 103, 105, 109, 110, 111, 129, 130, 173
geistiges Annehmen 89
geistiges Beschaffen 89
Geld 24, 36, 42, 45, 48, 75, 77, 108, 115, 117, 140, 146, 147, 165
Gemüt 229
genetischer Kode 40, 81
Geschenk 15, 39, 89, 151, 152, 156

Gesellschaft 17, 43, 45, 77, 172, 185
Gesetz der Entsprechung 84
Gesundheit 11, 15, 17, 24, 28, 47, 72, 90, 108, 112, 117, 144, 174, 206, 212, 221, 223, 224
Gewicht 13, 81-86, 88, 112, 135, 147, 151
Gewohnheiten 116, 122, 123, 229
Glück 17, 18, 35, 43, 140, 146-148, 149, 173, 174, 197, 206, 212
Goethe, Johann Wolfgang von 172, 173
Goldener Schnitt 136, 137, 138, 140
Goswamii, Amit 51
Gott 39
Gowinda, Llama Anagarita 87
Grenzen 24, 185, 229, 231
Grof, Stanislav 240

H

Harmonie 32, 63, 136-138, 141, 208, 224
Hautfarben 43
Heilen 46, 74
Hertzzahl 105
Herzschläge 112
Hippokrates 135
Hofmann, Inge 112
Hoyle, Fred 40

I

Illusion 43, 44, 49, 147, 176-177, 182, 183, 193, 194, 198
Immunsystem 64, 71
Indras Netz 81, 147, 196
Informationsmüll 93
Innengefühl 131, 134
Iris 140

J

Jung, Carl Gustav 142, 153

K

Kampf 71, 76, 98-100, 101, 110, 164-165
Kampfhormone 72
Karriere 11, 21, 45, 76, 194, 221
Kepler, Johannes 140
Kirschner, Josef 96, 104
Kode, genetischer 40, 44, 81
Komfortzone 56-57, 60, 65, 115, 182, 211, 229-234
Komfortzonenfalle 211, 232-233
konsequent 23, 25, 91, 219
Kontakte 221, 223, 224
Körpersprache 31, 71
krank / Krankheit 22, 28, 46, 58, 74, 78, 83, 86, 101, 129, 146, 156, 171, 224
Kreisläufe 46, 71
Kreislauf des Denkens 46
Kulturen 43
Kummerspeck 110
Kunst des Nein-Sagens 121, 127

L

Lachen 19, 111, 114, 203
Langeweile 79, 109, 180, 185-187, 189, 191
Laszlo, Ervin 240
Lebendblutbild 129
Lebensaufgabe 12, 26-27, 28, 30, 33, 41, 65, 77, 105, 108, 117, 132, 151, 153, 154, 156, 158, 183, 189, 201-203, 209-214, 219, 228, 230, 232
Lebenslust 47, 197
Lebensmotto 203, 209-210

Lebensplan 68-69, 74
Lebenssituation 22, 59
Lebensweg 218-219
Lebenszahl 218-219
Lebenszeit 122
Leichtigkeitstagebuch 160
Leistung 77, 221, 223
Liebe 38, 42, 43, 57, 60, 117, 118, 124, 125, 138, 159, 164, 165, 168, 174, 196, 214, 222, 224
Lieblosigkeit 164, 165, 168
Lincoln, Abraham 59
LOL²A-Prinzip, *siehe* Egli, René
Loslassen 55-58, 60, 65, 69, 71, 84, 86, 143, 144, 146, 211
Lösung 19, 65, 69, 119, 211

M

Maassen, Gertrud 167
Manipulatoren 30
Manipulieren 29
Marke 184, 185, 189, 191
Mäßigung 140
Maß, rechtes, *siehe* Goldener Schnitt
Materie 25, 193
maya 193
Me-too-Menschen 126
Menschheit 22, 29, 42, 45, 46, 77, 160, 185, 192, 196, 213, 214
Mewes, Wolfgang 45
Millman, Dan 218-219
Miniozean 101
modular 16
Mögen 36, 37, 39, 42, 49, 57, 60, 72, 111-112, 117, 118, 132, 141, 159, 161, 162, 186, 189, 191, 196, 203
Mohr, Bärbel 14, 167
Morphogenetische Felder 171
Mystiker 43

N

Namen 13, 46, 158
Naturgesetzcharakter 12, 15
Nebelfeld 102
Nein-Sagen 121, 127
Netz 81-86, 87, 88
Norretranders, Thor 130

O

Orientierung 27, 102-104
Ort der Fülle 41, 42, 116, 119, 120

P

Partner 13, 15, 25, 43, 55, 59, 69, 70, 109, 112, 144, 145, 228
Partnerschaft 31, 145, 180, 183, 206
PERLE (PER•sönliche LE•bensaufgabe) 62-64, 66, 67, 72, 105, 119
PER•sönliche LE•bensaufgabe 62, 67, 105
Persönliche Lebensaufgabe 64, 77, 189, 203, 219
Person (per sonare) 63, 192
Peseschkian, Nossrat 221
Peters, Tom 185
Petrus 61
Physik 42, 69
Plumpssack 176, 178, 179, 182, 183
Princeton University 44
Prinzip des Bogenschießens 58
Problem 47, 119
Prophezeiung 68, 91
Pythagoras 140, 203, 218-219

Q

Quantenelektrodynamik 43, 128
Quarks 45

R

Realisierung eines Wunsches 25
Realisierungsformel 53, 84, 143, 149
rechtes Maß, *siehe* Goldener Schnitt
Redfield, James 41, 68, 142, 153
Referenzgruppe 172, 173
Reichmachen 116
Reichtum 117, 120, 169
Religionen 43, 52, 164
Respekt 163, 166-167, 168, 187
Rücksicht 96, 167
Russell, Peter 197, 239, 240

S

Säen und Ernten 170
Säure 99, 101, 111
Schatten des Wortes,
    siehe Anagramme
Scheele, Paul 92
Schicksal 50, 74, 117, 174
Schönheit 116, 117, 138, 139, 186, 187
Schwingung 64
Seiwert, Lothar 221
Selbst AG 185, 191
Selbstwertgefühl 37, 65, 122, 159
Seneca 53
Sesamstraße 171, 175
sexuelle Begierde 165
Sheldrake, Rupert 171
Sinn deines Lebens 26, 80, 192,
    203, 208, 209, 218, 222-224
Sonnensystem 137
Spannung 58, 86, 103, 105, 112
Spiegelschrift 116
Sprachen 43
Sprenger, Reinhard K 70
Sterblichkeit 146
Streß 28, 74, 102, 108-113, 114,
    121, 159, 212, 232

Streßhormone 109-111, 114
Suche 11, 26, 66, 76-77, 80, 82, 84,
    86, 88, 97, 132, 193
Sucht 77, 80, 132, 187
Synchronizität 47, 49, 142, 153-155,
    156, 179, 180, 183

T

Talente 202, 204-208
Tarot 140
Tepperwein, Kurt 101, 208, 211, 213
Traumberuf 21
Trennung 43-45, 48, 49, 196
Tu was du willst 12-16, 21-24, 26,
    27, 28, 30, 32, 39, 47, 53,
    56, 57, 59, 93, 94, 95, 96, 98,
    112, 121, 123, 125, 126, 132,
    134, 139, 140, 146, 148, 155,
    160, 162, 163, 167, 173, 180,
    183, 185, 189, 207, 209, 224
Twain, Mark (Clemens, Samuel) 184

U

Überfluß 35, 49, 116, 120, 144
Übersäuerung 99, 111
Ullmann, Liv 167
Ungeduld 142-147
Universelle Erwerbsregeln 12, 13, 15,
    17-18, 21, 27, 128, 164, 210
Universum 17, 24, 26, 37, 39, 40,
    41, 42, 44, 46, 51, 54, 61-64,
    69, 81-83, 85, 87, 88, 89, 97,
    116, 118, 119, 120, 136-140,
    141, 146-147, 149, 166-167,
    168, 170, 178-181, 183, 192,
    194-196, 218
Unterbewußtsein 55, 56, 65, 104,
    145, 208, 209
Unzufriedenheit 21, 26, 28, 74, 147,
    212
Ursache-Wirkungsketten 61

V

vaya 47, 59
Veränderung 55-57, 60, 181
Verantwortung 29, 44-45, 51, 56, 209, 232
Verbindung 17, 44, 47, 139, 147, 166, 168
Verfallsdatum 113
(Ver-)Mögen 37, 39
Vermögen 8, 36, 37, 42, 49, 57, 60, 72, 111, 132, 161, 162, 196, 203, 221
Vertrauen 86
Vitalstrom 47, 59

W

Wahres Selbst 140
Wahrnehmungen 130
Wahrscheinlichkeit 18, 28, 40, 70, 193
Wahrscheinlichkeitsfeld 193
Walker, Elke und Björn 50
Werbebotschaften 93
Wert 29, 36-39, 77-78, 125-126, 151, 202, 206-209, 212, 214, 223, 225-228
Werte-Sammlung 206, 225-227
Wiedergeburt 150
Wilde, Oscar 109
Wilde, Stuart 165
Wimpernschläge 112
WIRKebene 52, 53, 54, 57
Wissenschaftler 43
Wohlfühlhormone 72, 111, 114
Wohlstand 17
Wunsch 10, 16, 22, 24-25, 97, 123
Wunschgedanke 25

Z

Zahl 42, 113, 136, 138, 141, 166, 218-219
Zeit 11, 29, 36, 42, 58, 60, 65, 79, 100, 122, 137, 139, 142, 146-148, 149, 151, 154, 156, 161, 163, 187, 195, 202, 204, 205, 206, 222, 223, 224, 231
Zellgruppenverbände 45
Zufall 33, 40, 42, 61, 62, 64, 72, 117, 119, 137, 146, 153, 154, 166, 180, 218, 219
zum Wohle aller 23, 24, 47, 96-98, 100, 101, 111, 112, 117, 140, 162, 167, 215, 239
Zweifel 32, 51, 54, 86, 123, 144, 145, 146, 192, 203, 231
Zyklen 112-114

72 Stunden 66-67

Vom Autor des vorliegenden Buches

Michael H. Buchholz
Alles was du willst
Die Universellen Erwerbsregeln für ein erfülltes Leben

mit Vorwort von Vera F. Birkenbihl,

240 S., gebunden, € 15,30 [D] • SFr 27,70
ISBN 3-930243-19-9

Alles was du willst ist bereits vorhanden, behauptet der Persönlichkeitstrainer Michael H. Buchholz. Du mußt es dir nur erwerben.

Dabei geht es um so viel mehr als nur um Geld – nämlich um Gesundheit, Wohlstand, Glück und Erfolg – kurz: um (d)ein erfülltes Leben.

Ein erfülltes Leben aber ist immer auch ein Leben in Fülle. Und wie du diese Fülle, den Schatz am Ende des Regenbogens, erwerben kannst, zeigen die „Universellen Erwerbsregeln".

Diese „Universellen Erwerbsregeln" gelten immer: Sie prägen stets deine augenblickliche Situation und formen deine Realität. Folgst du ihnen, so bringen sie dich deiner wahren Lebensaufgabe näher und offenbaren dir zugleich die immense Kraft, die in deinen eigenen Erwartungen verborgen ist. Denn: „Was wir erwarten, werden wir finden", wußte schon Aristoteles.

Zu beziehen in jeder guten Buchhandlung oder bequem und schnell direkt bei uns

Omega®-Verlag

Gisela Bongart & Martin Meier (GbR)

http://www.omega-verlag.de

Karlstr. 32   D-52080 Aachen

Tel.: 0241-16 81 630 • Fax: 0241-16 81 633

e-mail: info@omega-verlag.de

Fordern Sie auch unser kostenloses Verlagsverzeichnis an!

Weitere Bücher aus dem Omega-Verlag

Bärbel Mohr
Bestellungen beim Universum

Ein Handbuch zur Wunscherfüllung

136 S., gebunden, € 10,20 [D] • SFr 18,80
ISBN 3-930243-13-X

Bärbel Mohr zeigt, wie man sich den Traumpartner, den Traumjob oder die Traumwohnung und vieles mehr einfach „herbeidenken" und quasi beim Universum „bestellen" kann. Sie bringt dem Leser bei, wie er auf seine innere Stimme hören, wie er sich selbst gegenüber eine stärkere Verpflichtung eingehen und sein Leben positiver gestalten kann. Zahlreiche kleine Anekdoten und Parabeln durchziehen das humorvoll geschriebene Büchlein, das durch Lebenstips für jeden Tag abgerundet wird.
Ein ideales Geschenkbändchen, das einen auf sonnige Gedanken bringt.

Bärbel Mohr
Reklamationen beim Universum

Nachhilfe in Wunscherfüllung

192 S., gebunden, € 10,20 [D] • SFr 18,80
ISBN 3-930243-24-5

Was tun, wenn man beim Universum etwas bestellt hat, und die Lieferung läßt auf sich warten? Nicht neu bestellen, sondern reklamieren, rät Bärbel Mohr. Wo? Natürlich beim Universum! Wie das geht, erfahren Sie in dieser „Nachhilfe in Wunscherfüllung".
Ein Selbsttest gibt Hinweise auf das, was man möglicherweise beim Bestellen falsch macht. Viel lernen kann der Leser auch aus Bärbels Antworten auf häufig gestellte Fragen zu ihren Büchern. Wie man seine Intuition und damit auch seine Fähigkeit zur Lieferannahme schärft, vermittelt ein Wochenplan mit Übungen für jeden Tag. Und für alle, die Rituale lieben, gibt es zum Schluß noch das „Fun-Bestellformular".

Zu beziehen in jeder guten Buchhandlung oder bequem und schnell direkt bei uns

Omega®-Verlag

Gisela Bongart & Martin Meier (GbR)

http://www.omega-verlag.de

Karlstr. 32   D-52080 Aachen
Tel.: 0241-16 81 630 • Fax: 0241-16 81 633
e-mail: info@omega-verlag.de

Fordern Sie auch unser kostenloses Verlagsverzeichnis an!

Weitere Bücher aus dem Omega-Verlag

Grażyna Fosar & Franz Bludorf

Vernetzte Intelligenz

Die Natur geht online

Gruppenbewußtsein
Genetik
Gravitation

342 Seiten, geb. mit Schutzumschlag
zahlr. Abb. im Text plus Bildteil, € 20,40 [D] • SFr 36,30
ISBN 3-930243-23-7

Kosmisches Internet

Die Kernthesen dieses spannenden Buches lauten:

- Alle Lebewesen im Kosmos stehen über die neuentdeckte Hyperkommunikation miteinander in Verbindung und bilden ein Bewußtseinsnetzwerk
- Als Sender- und Empfängersystem fungiert dabei die Erbsubstanz, die DNA, die in Wahrheit eine Antenne ist.
- Gravitation und Schwerkraftanomalien beeinflussen unser Bewußtsein und Ereignisse des Weltgeschehens (z.B. Flugzeugabstürze oder die Börsenentwicklung).

Zu beziehen in jeder guten Buchhandlung oder bequem und schnell direkt bei uns

Omega-Verlag

Gisela Bongart & Martin Meier (GbR)

Karlstr. 32   D-52080 Aachen
Tel.: 0241-16 81 630 • Fax: 0241-16 81 633

http://www.omega-verlag.de   e-mail: info@omega-verlag.de

Fordern Sie auch unser kostenloses Verlagsverzeichnis an!